八曲仙人之歌

अष्टावक्रगीता

全新梵漢對照注譯本

鍾七條、顧象
注譯

紅桌文化
UnderTable Press

妙高峰上 4

八曲仙人之歌
全新梵漢對照注譯本

作者　八曲仙人
譯者　鍾七條、顧象
封面設計　吳偉光
排面設計　Lucy Wright
總編輯　劉粹倫
發行人　劉子超
出版者　紅桌文化 / 左守創作有限公司
http://undertablepress.com
臺北市中山區大直街 117 號五樓
印刷　約書亞創藝有限公司
經銷商　高寶書版集團
臺北市內湖區洲子街 88 號三樓
Tel: 02-2799-2788
書號　ZE0155
ISBN　978-986-06804-9-2
初版　2022 年 6 月
新台幣　450 元
法律顧問　詹亢戎律師事務所

國家圖書館出版品預行編目 (CIP) 資料

八曲仙人之歌 : 全新梵漢對照注譯本 / 八曲仙人作 ; 鍾七條, 顧象譯 . -- 初版 . -- 臺北市 : 紅桌文化 , 左守創作有限公司 , 2022.06
352 面 ; 11*22.8 公分 . -- (妙高峰上 ; 4)
譯自 : Ashtavakra Gita
ISBN 978-986-06804-9-2(精裝)

1.CST: 印度教　2.CST: 靈修

274　111005102

八曲仙人之歌

अष्टावक्रगीता

全新梵漢對照注譯本

亞穆那河

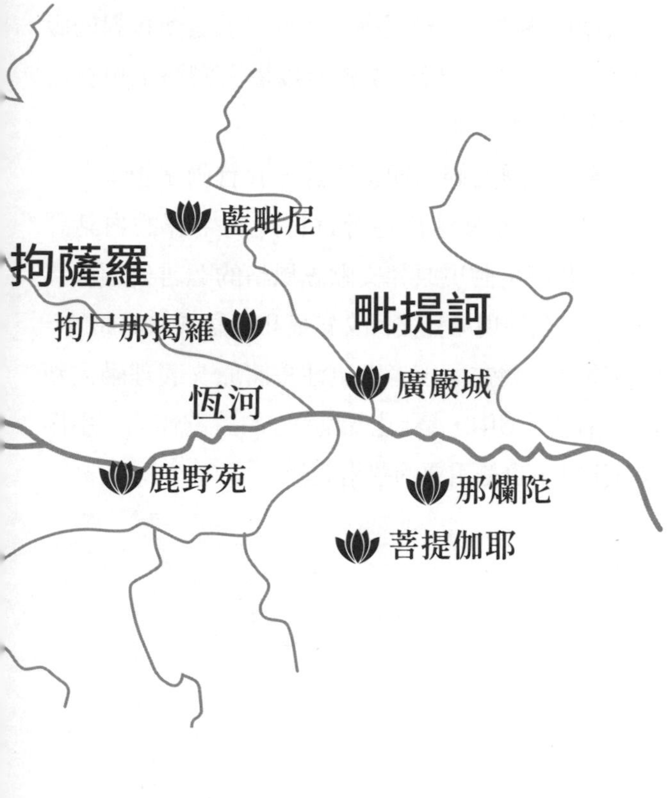

古印度後吠陀時期地圖，公元前 1100 至 500 年左右。八曲仙人所活動的地區為國王迦納卡所統治的毗提訶國，其西邊為拘薩羅國，它為釋迦牟尼佛所屬的釋迦族的宗主國。蓮花圖形所標注的地點是佛陀一生足跡所至的重要地點。　　（地圖製作：夏禎）

本書收錄《八曲仙人之歌》梵文 298 頌與漢譯本的逐頌對照，由上而下，依序爲梵文天城體、羅馬轉寫（International Alphabet of Sanskrit Transliteration, IAST，或稱羅馬拼音）、白話文、七言偈頌。

梵文天城體原文由李查斯（John Richards, 1934-2017）編輯、校對[1]，羅馬轉寫也源自於其所校對的版本[2]，這兩個文字檔皆由李查斯授權在網路上免費流通，是漢譯本所依據的底本。

漢譯本由鍾七條和顧象所譯，共有兩個版本，一個是按照梵文原文結構進行逐行逐句中譯的白話譯本，另一個則是體現原梵文歌詠風格的七言偈頌體譯本。前者旨在展現原梵文行文結構和用語風格的原貌，以尊重原梵文爲主；後者則更注重將原文義理融入到漢語本身的語感中，是「化梵爲漢」的詩歌作品，不僅力求信達雅，也是重要的學術著作。

1 公布在 Sanskrit Documents Organization 網站，網址：https://sanskritdocuments.org/doc_giitaa/ashtgita.html?lang=sa

2 來自 Wisdom Library Organization 網站，網址：https://www.wisdomlib.org/hinduism/book/ashtavakra-gita-sanskrit

目次

譯序

顧象、鍾七條

在 2016 年恩師三不叟開始對弟子授課之時，發現沒有合格的《八曲仙人之歌》中譯本可用，於是囑咐弟子智原收集各方權威專家所譯的英譯本，互相比對、反覆推敲，在此基礎上將全文譯出。這一中譯本依照最多的是史瓦米·尼提亞斯瓦茹帕南達（Swami Nityaswarupananda）的《八曲本集》第四版（*Aṣṭāvakra Saṃhitā*, 4th Edition, 1975）中的英譯。2018 年授課結束後，多位弟子祈請恩師開許將講課錄音謄寫為文字，以方便流通分享。在將文字記錄稿匯總、校對，準備集結成書的過程中，弟子鍾七條發現了《八曲仙人之歌》更多的英譯本，特別是在閱讀了將梵文羅馬轉寫逐詞英譯的版本（伍德的英譯本，Ananda Wood）後，留意到一些反覆出現的英文詞彙，比如 desire，consciousness 等，其實對應著不同的梵文原文，也就是說梵文豐富的原義在英譯本中沒有得到充分的體現和傳達，於是便萌生了要根據梵文原文將初譯本進行修訂的想法。

以下試舉幾例來說明各種英譯本在這方面的缺憾。比如，梵文中有很多詞彙都表示「覺知」之意，但其側重點各有不同，如 cit（能覺），bodha（覺），caitanya（覺力），sphur（遍照）等，但在英譯本中，這些微妙的差別已無跡可尋，都被籠統地翻譯成了 consciousness（參見〈譯後記〉）。再比如，各種英譯本中貫徹全文反覆出現 desire（欲望）一詞，而其對應的梵文原文則非常豐富多變，有 spṛhā（渴望，貪著，愛樂，貪求），vāsana（願望，欲望，習氣），kāma（貪欲，欲樂，愛欲），

vāñchati(渴望，希望，想要)，tṛṣṇa(愛染，貪欲，貪著)，icchā(願望，欲望，欲樂)等。同樣的道理，英譯本中愛用的attach(執著)一詞，其梵文原文也各有不同：saṅga(執著，貪著，染著)，saṃsakta(樂，計著)，sakta(愛著，貪愛)，lip(染汙，附著)，prīti(歡喜，愛悅)，rati(愛樂，染著)，rakta(染著，貪著)，rāga(著色，染色)……

出於對《八曲仙人之歌》這一吠檀多經典著作的尊重，在本書編撰、校對、準備付印的同時，鍾七條與顧象主要依據李查斯的梵文羅馬轉寫及伍德的逐詞英譯版本，在初譯本（即《你就是覺性》中講解時使用的譯文）的基礎上進行了修改，完成了修訂本，也就本書的譯文。在梵漢翻譯的用詞上，主要參考了由日本學者荻原雲來編撰的《漢譯對照梵和大辭典》漢譯而來的《梵漢大辭典》。《八曲仙人之歌》想要傳達的教導，已在《你就是覺性：八曲仙人之歌講記》中，由三不叟禪師講解得淋漓盡致，本書站在文字的角度上，力求更好地呈現《八曲仙人之歌》原文的深邃和優美。

英文這門語言，在吸收印度靈修智慧及傳統文化上，並沒有經歷過一個廣泛而系統性的翻譯引介過程。而且，宗教及靈修領域的英文詞彙往往具有基督教的神學內涵及其指涉，帶著「一神論」、「救贖論」等的深刻烙印。實際上，中國才是學習、翻譯印度靈性經典爲期最久的一個國家：自公元一世紀漢明帝開始，佛教經典就被翻譯爲漢語進入中土大地，直到十二世紀南宋時佛經翻譯才趨於衰微。整整一千多年間，一代代文字功底極佳的中外佛經譯師們，在佛經翻譯中傾注了他們璀璨的智慧和才華，使得梵文翻譯積累了極其成熟的經驗。許多梵語術語，經過他們的努力，也已徹底歸化進入了漢語，比如「萬法」、「剎那」等翻譯詞彙，已成爲了大家耳熟能詳的日常用語。作爲後人的我們，若將此寶貴的文化遺產棄之不用，實屬可惜，亦不明智。日本的學者們早已留意到此，1979年由辻直四郎編修，荻原雲來編撰的煌煌巨著《漢譯對照梵和大辭典》出版，這一辭典的一大特色，就是收錄了上百部漢譯經論中對佛教梵文詞彙的漢譯，在詞彙層面上，幾乎將中國古代譯師們的翻譯經驗盡收囊中。台灣的林光明先生將這一辭典進行了漢譯，並按照英文字母順序重新編排了詞彙順序，在2004年出版了《梵漢大辭典》。正因爲有了這本辭典，我們才可以在翻譯《八曲仙人之歌》時，能方便地借鑒到佛教譯師前輩們的寶貴經驗。

採用古代譯師們的譯文，最爲直觀的效果，就是能讓讀者讀來如逢故知，能體會到這一首《八曲仙人之歌》，是來自於與我們曾血脈相連的古老國度的深情道歌，詞句中的意境，能輕鬆喚起心底古老的記憶和情懷。舉一個簡單的例子：梵文 śobhate 一詞在《八曲仙人之歌》中經常出現，英譯本將之譯爲 glorious，excel，shine，而中國的古代譯師們則譯爲「莊嚴」(《法華經》)，這是對 śobhate 一詞絕妙的翻譯，囊括了它所具有的威嚴、端莊、傑出等多種含義。18.60 頌中出現了這個詞，在尼提亞斯瓦茹帕南達的英譯本中是“with all his sorrows gone - he shines”。(所有的悲傷都消失了，他閃耀。) 我們修訂後的白話譯本爲：「悲苦都消失了，他妙好莊嚴」，七言偈頌體則爲：「無有悲苦妙莊嚴」。

以上這些說明，不僅僅是對讀者的解釋，也是對譯者同行們的一些肺腑之言。印度許多吠檀多經典或靈修文本，原文爲梵文、印地語、泰米爾語、馬拉地語等語言，能讀懂這些語言的華人爲數極少，更多的求道者只能倚賴英文譯本來瞭解這些經典，很多翻譯者也只能從英譯本來進行漢譯。如果譯者們能對印度原語言的術語、詞彙及概念有一定瞭解，這能避免許多文化引介過程中的遺憾，也是吾輩向他國「取經」時應該具有的專業素養，是譯者們需要負起的責任。

七言偈頌體之美

《八曲仙人之歌》的「歌」字，乃是 gītā，指的是詠唱出來的詩歌，是印度的一種特定的文體，通常由一個開悟的聖者以帶格律的詩歌方式來把靈性教義表達出來。其中最著名的代表作就是《薄伽梵歌》(*Bhagavadgītā*)，因爲教義的宣說者是薄伽梵(即黑天)，便以「薄伽梵」的「歌」爲之命名。《八曲仙人之歌》(*Aṣṭāvakragītā*)也是以宣說者的名字「八曲仙人」爲題名的。

《八曲仙人之歌》梵文每一頌爲兩句。以 1.3 頌爲例：

न पृथ्वी न जलं नाग्निर्न वायुर्द्यौर्न वा भवान् ।
एषां साक्षिणमात्मानं चिद्रूपं विद्धि मुक्तये ॥ १-३ ॥

na pṛthvī na jalaṃ nāgnirna vāyurdyaurna vā bhavān
eṣāṃ sākṣiṇamātmānaṃ cidrūpaṃ viddhi muktaye

唱誦起來，鏗鏘有力、莊嚴肅穆[1]，可見，gītā 不是乾癟的教條，其音韻之美，可以引發靈性情感，使

1 感興趣的讀者可以在 youtube 上聆聽全本的梵語吟唱：https://www.youtube.com/watch?v=Y73UsUETk0o

人自然滌蕩心靈、向往究竟之境。翻譯家徐梵澄先生[2]曾這樣解釋 gītā：「抑此聖典，歌也。歌必可唱詠諷誦，於華文以古詩體翻之也宜。抑此歌，聖典也。譯詞當不失其莊敬，出義須還之於梵文也無失。敬不失禮，而文義可復，庶幾近之矣。」(徐梵澄：《薄伽梵歌》再版序言)

作爲譯者，除了將《八曲仙人之歌》按照梵文原文忠實地翻譯成中文外，我們還希望能將《八曲仙人之歌》的音韻之美在譯文中予以保留。於是，經過反覆斟酌，我們決定採用七言偈頌體的格式，另譯一個中文譯本。

首先解釋一下「偈頌」一詞，它是梵文 gāthā 的漢譯，起初是婆羅門祭祀、讚頌神的歌詠形式，而後具有了更爲寬泛的運用，在佛經中廣泛出現。這些 gāthā 被佛教翻譯家譯爲漢語之後，形成了特有的中文「偈頌」格式，它不要求押韻，也不講究平仄，只是每句固定字數，四言、五言、六言、七言都有[3]。《成實論》中提到了偈頌體的特點：「嚴飾言辭，令人喜樂，如以散華或持貫華，以爲莊嚴。」偈頌體的言辭大多虔敬、莊嚴，讀誦時，使人有相應的心靈感受，並且字數相齊

2 徐梵澄（1909－2000），湖南長沙人，哲學家、印度學家、翻譯家，精通英、德、法、梵、拉丁、希臘、印度等多種語文，著述豐富。1945 年後在印度僑居 33 年，先後在印度泰戈爾大學、阿羅頻多修道院（Sri Aurobindo Ashram）從事教學、著述與翻譯工作。翻譯了《薄伽梵歌》、《五十奧義書》等印度教經典，被同行學者們盛讚為「當代玄奘」。

3 有些漢譯佛經全文皆由偈頌形式而成，比如《法句經》，此經共分為 39 品，皆以偈頌形式（四言、五言或六言）呈現，共計 3100 句；又比如《文殊師利發願經》為東晉佛陀跋陀羅所譯，全經皆以五言偈頌呈現，共計 176 句。七言在古代譯經時，雖不是最為常見的，但也多次出現，比如東晉法顯所譯《大般泥洹經》，就有七言偈頌八十五句。

的格式，也利於記誦傳唱。逐漸地，漢地的佛教徒也開始用這種詩歌體裁來詠唱自己對於修道的感悟和見地，很多禪宗悟道詩就是這樣的體裁。

吾輩才疏學淺，不敢奢望自己的譯本能達到古代佛經譯師們的水平，本書《八曲仙人之歌》七言偈頌體中譯本，只是希望能還原靈性詩歌的原貌，被世人繼續閱讀、受持唱誦，能激發讀者心中的敬重之情和對永恆、眞理的渴望。

每句七個字，這樣的格式限制給翻譯造成了非常具體的困難。以先前所引的 1.3 頌爲例：

na pṛthvī na jalaṃ nāgnirna vāyurdyaurna vā bhavān
eṣāṃ sākṣiṇamātmānaṃ cidrūpaṃ viddhi muktaye

七言偈頌體中譯是：

汝非地水火風空，欲得解脫須知曉：
自性見證此一切，彼即本具之覺性。

讀者可以看到，原來的兩句被擴展成爲了四句七言，這是我們所努力保持的一個標準長度。但梵文是一種比較精簡的語言，用其他語言來詮釋，長度往往會增加很多，所以有些時候，二十八個字裡實在無法道盡文意，只能再補上一兩句，成爲五句、六句七言。當然也有相反的情況，梵文原意相對簡單時，兩三句七言就能表述完全部的意思。所以全文 298 頌，出現了長短不齊的現象。

受制於七言的格式，有些句子只能進行同義的重複和擴展，舉例來說，「一切都是虛妄的」這樣的意思，七言譯本就是「一切非眞皆是妄」——「一切非眞」和「皆是妄」是重複性的表達，是爲了保持字數齊整不得已而爲之的做法。經常閱讀佛經的讀者，其實也會發現這種重複表達，可見古代的譯者們也面臨著同樣的問題。我們所能確保的，就是文字雖然重複，但依然圍繞著原義，並沒有憑空添加衍生的含義。當然有時候我們會借用漢語的修辭手法作一些風格上的發揮，比如18.32 頌，相較於英譯本枯燥的陳述 "but some sharp-witted man withdraws within himself like a dull person"（尼提亞斯瓦茹帕南達譯本），我們則譯爲：「慧者聞道心自潛，晦跡韜光退若愚」。

另外，爲了照顧現代讀者的閱讀習慣，我們適當地添加了標點，這樣就算沒有白話譯文作爲參考，讀者們也能輕鬆讀懂這些偈頌。

結語

作爲譯者，本應隱身於文字之後，但爲了說明這兩個譯本的翻譯緣起及不同的側重點，迫不得已解釋了許多。簡而言之，本書中的兩個中譯本，白話譯本是對梵文的直譯和逐句對照，以讓讀者瞭解梵文原貌；而七言偈頌體譯本主要是爲了還原歌詠之美，以激起讀者內心深處對解脫的渴望。

這些所有的話，或許可以總結在這下面四行偈頌之中，權且作爲譯文的開章偈吧：

釋迦故土天竺國，
智仙傳典吠檀多；
梵歌直抒宗門意，
七言華音為汝說。

第一章

了悟自性[1]

1 原梵文本上每章並無標題，為方便讀者瀏覽全文、區分各章，本中譯遵從尼提亞斯瓦茹帕南達的英譯本，而添加了標題。

जनक उवाच ॥

कथं ज्ञानमवाप्नोति कथं मुक्तिर्भविष्यति ।
वैराग्यं च कथं प्राप्तमेतद् ब्रूहि मम प्रभो ॥ १-१ ॥

janaka uvāca
kathaṃ jñānamavāpnoti kathaṃ muktirbhaviṣyati
vairāgyaṃ ca kathaṃ prāptametad brūhi mama prabho

迦納卡說：

1.1
怎樣才能獲得真知？
怎樣才可以解脫？
要如何離於貪染？
祜主啊，請告訴我！

迦納卡云：

1.1
云何獲真知？
云何得解脫？
云何離執著？
怙主為吾說。

अष्टावक्र उवाच ॥

मुक्तिमिच्छसि चेत्तात विषयान् विषवत्त्यज ।

क्षमार्जवदयातोषसत्यं पीयूषवद् भज ॥ १-२ ॥

aṣṭāvakra uvāca
muktimicchasi cettāta viṣayān viṣavattyaja
kṣamārjavadayātoṣasatyaṃ pīyūṣavad bhaja

八曲仙人說：

1.2

孩子啊，若想要得到解脫，
就要避開感官對境[2]，就像避開毒藥一樣。
寬恕、直心、仁慈、知足，還有 [無上的][3] 真理，
就像甘露一般，要去擁有。

八曲仙人云：

1.2

吾兒！若要得解脫，
須避欲境如毒藥；
寬、直、慈與知足心，
及以無上至真理，
恰似甘露必求覓。

....

2 viṣaya，領域、界限。也特指五種感官（眼耳鼻舌身）所感受的對境，即：色、聲、香、味、觸。因為這是感官所貪戀享受的對境，所以古代中國的佛經譯師也將之譯為「欲境」、「五欲」。此詞在《八曲仙人之歌》中反覆出現，本文中譯為「感官對境」。

3 方括號為譯者為了行文流暢所加，原文沒有。

न पृथ्वी न जलं नाग्नरि्न वायुर्द्यौर्न वा भवान् ।
एषां साक्षिणिमात्मानं चद्रिूपं वद्धि मुक्तये ॥ १-३ ॥

na pṛthvī na jalaṃ nāgnirna vāyurdyaurna vā bhavān
eṣāṃ sākṣiṇamātmānaṃ cidrūpaṃ viddhi muktaye

1.3

你不是地大，不是水大，不是火大，
你不是風大，也不是空大[4]；
自性[5]見證這所有一切，
它就是覺性[6]。要解脫，就需要瞭解這個。

1.3

汝非地、水、火、風、空，
欲得解脫須知曉：
自性見證此一切，
彼即本具之覺性。

4 地、水、火、風、空，指的是五大元素。

5 梵文 ātman，音譯為「阿特曼」，意為「我」、「自身」、「本質」，在吠陀經典尤其是奧義書中，ātman 指的是在個體生靈中存在著的真正的「我」，因此通常也意譯為「真我」。

6 原文名詞為梵文 cit，指的是「覺知」、「能夠覺知」之意。此處 cit 後接 -rūpam，指的是「具備能覺能知的特性」，故譯為「覺性」。

यदि देहं पृथक् कृत्य चिति विश्राम्य तिष्ठसि।
अधुनैव सुखी शान्तो बन्धमुक्तो भविष्यसि ॥ १-४ ॥

yadi dehaṃ pṛthak kṛtya citi viśrāmya tiṣṭhasi
adhunaiva sukhī śānto bandhamukto bhaviṣyasi

1.4

如果不認同身體，
安住休息在覺性中，
那麼當下你就是快樂平靜的，
遠離了束縛。

1.4

若不認同於身體，
安住本具覺性中，
汝即當下得喜樂，
自由離縛獲安寧。

न त्वं वप्रादिको वर्णो नाश्रमी नाक्षगोचरः ।
असङ्गोऽसि निराकारो विश्वसाक्षी सुखी भव ॥ १-५॥

na tvaṃ viprādiko varṇo nāśramī nākṣagocaraḥ
asaṅgo'si nirākāro viśvasākṣī sukhī bhava

1.5

你不屬於婆羅門或任何種姓，
你不在任何人生階段[7]，你不可被感官覺知[8]；
你無所染著，無有形象，
你是萬事萬物的見證者。[如是了知，] 怡然安樂。

1.5

婆羅門與諸種姓，
乃至人生之四期，
汝皆不屬於其中，
汝非感官所能及。
孑然無依無形象，
汝乃萬物見證者，
如是了知心安樂。

7 印度教教徒的人生分為四個階段，又稱「四行期」（āśrama）。第一階段（Brahmacaryā，梵行期）始於童年，是年輕人進行宗教學習的時期。第二階段（Gṛhastha，家住期）要過世俗生活，娶妻生子。第三階段（Vānaprastha，林棲期），等孩子長大後，就退隱到山林中修行。第四階段（Saṃnyāsa，遁世期）已是老年，要斷絕與塵世一切關係，雲遊四方，靠接受施捨為生，以證得「梵」為目標。

8 ākṣa-gocara：ākṣi，字面意思為「眼」的複數，代指所有感官；gocara，意思是「所及之處」「所及的範圍」。所以，這句話直譯過來就是：「你並非感官之所及」。

धर्माधर्मौ सुखं दुःखं मानसानि न ते विभो ।
न कर्तासि न भोक्तासि मुक्त एवासि सर्वदा ॥ १-६ ॥

dharmādharmau sukhaṃ duḥkhaṃ mānasāni na te vibho
na kartāsi na bhoktāsi mukta evāsi sarvadā

1.6

善法與惡法，快樂與痛苦，
都只與心[9]有關，而與你無關。哦，遍在者啊！
你不是做者，也不是受者，
你確實從來都是解脫的。

1.6

善惡、苦樂關乎心，
汝皆與此全無涉。
偉哉！遍諸一切者！
汝非做者非受者，
亙古至今恆自由。

....

9 mānasa，心、精神、思想，此詞在全文出現多次。另外文中也經常使用一個極其相近的詞 manas，即佛教術語中的「末那」，舊譯多為「意」。二者並沒有太大的區別，但為了盡可能保留原文兩個用詞不同的痕跡，本中譯本將mānasa譯為「心」，manas譯為「心意」。

एको द्रष्टासि सर्वस्य मुक्तप्रायोऽसि सर्वदा ।
अयमेव हि ते बन्धो द्रष्टारं पश्यसीतरम् ॥ १-७ ॥

eko draṣṭāsi sarvasya muktaprāyo'si sarvadā
ayameva hi te bandho draṣṭāraṃ paśyasītaram

1.7

你是萬事萬物的唯一觀者，
本質上從來都是解脫的。
唯一的束縛就是：
你認為 [自己不是] 觀者，而是別的什麼。

1.7

萬象森羅諸一切，
汝乃唯一之觀者，
從本以來具解脫；
唯一束縛乃錯認，
非此觀者別有他。

अहं कर्तेत्यहंमानमहाकृष्णाहदिंशतिः ।
नाहं कर्तेति विश्वासामृतं पीत्वा सुखी भव ॥ १-८ ॥

ahaṃ kartetyahaṃmānamahākṛṣṇāhidaṃśitaḥ
nāhaṃ karteti viśvāsāmṛtaṃ pītvā sukhī bhava

1.8
「我是做者」這樣的我執，
像條 [劇毒的] 大黑蛇，你已經被牠咬了；
「我不是做者」這樣的正信，
像甘露一樣，喝下它吧！怡然安樂。

1.8
「吾乃做者」之我執，
猶如劇毒大黑蛇，
汝已不幸被其齧；
「吾非做者」之正信，
猶如解毒甘露藥，
就此飲下心安樂。

एको विशुद्धबोधोऽहमिति निश्चयवह्निना ।

प्रज्वाल्याज्ञानगहनं वीतशोकः सुखी भव ॥ १-९ ॥

eko viśuddhabodho'hamiti niścayavahninā

prajvālyājñānagahanaṃ vītaśokaḥ sukhī bhava

1.9

「我是獨一的純淨覺性[10]。」

要以此堅信之火焰，

燒毀無明的稠林，

由此遠離悲傷，怡然安樂。

1.9

「吾乃獨一純淨覺」，

以此堅信之火焰，

焚盡無明之稠林，

由此離苦心安樂。

10 梵文 bodha，有「覺知」、「覺醒」之意，跟 cit 意思很接近。本中譯中，cit 和 bodha 這兩個梵文詞，一般譯為「覺性」，少數情況被譯為「能覺」，以凸顯其具有「能覺能知」能力的一面。

यत्र विश्वमिदं भाति कल्पितं रज्जुसर्पवत् ।
आनन्दपरमानन्दः स बोधस्त्वं सुखं भव ॥ १-१० ॥

yatra viśvamidaṃ bhāti kalpitaṃ rajjusarpavat
ānandaparamānandaḥ sa bodhastvaṃ sukhaṃ bhava

1.10
大千世界在此 [覺性] 中顯現，
猶如錯把繩子當作蛇；
那種喜悅是究竟的妙樂，
而你就是覺性，怡然安樂。

1.10
大千世界性中顯，
猶如將繩誤作蛇；
如是喜悅乃妙樂，
汝即覺性心安樂。

मुक्ताभिमानी मुक्तो हि बद्धो बद्धाभिमान्यपि।
कि्वदन्तीह सत्येयं या मतिः सा गतिर्भवेत् ॥ १-११ ॥

muktābhimānī mukto hi baddho baddhābhimānyapi
kiṃvadantīha satyeyaṃ yā matiḥ sā gatirbhavet

1.11

認為自己是解脫的，那就是解脫的；
認為自己被束縛，那就是被束縛的。
人們說的有句話是對的，
那就是：「心想事成。」

1.11

自認解脫即得脫，
自認束縛即為縛；
「心想事成」人常語，
此言不虛誠然哉。

आत्मा साक्षी विभुः पूर्ण एको मुक्तश्चिदक्रियः ।
असङ्गो निःस्पृहः शान्तो भ्रमात्संसारवानिव ॥ १-१२ ॥

ātmā sākṣī vibhuḥ pūrṇa eko muktaścidakriyaḥ
asaṅgo niḥspṛhaḥ śānto bhramātsaṃsāravāniva

1.12

自性是見證者，遍在而圓滿，
它獨一、自由、能覺[11]、無為[12]，
它孑然無依、無欲、寂靜，
由於迷妄而看起來像是陷在輪迴中。

1.12

自性實乃見證者，
遍在、圓滿且獨一，
自由、能覺亦無為，
無依、離欲本寂靜；
因迷看似陷輪迴。

....

11 梵文為 cit。此處是在描述自性（ātman），cit 是指其「能覺能知」的特性，故譯為「能覺」。

12 akriya，a- 是表示否定的前綴，kriya，指行為、活動。

कूटस्थं बोधमद्वैतमात्मानं परिभावय ।
आभासोऽहं भ्रमं मुक्त्वा भावं बाह्यमथान्तरम् ॥ १-१३ ॥

kūṭasthaṃ bodhamadvaitamātmānaṃ paribhāvaya
ābhāso'haṃ bhramaṃ muktvā bhāvaṃ bāhyamathāntaram

1.13

[自性] 常住不壞、能覺[13]、不二，
要堅定地認同[14]於自性；
要放下「我是 [自性的] 幻影[15]」[這樣的] 謬見，
[要放下] 外在及內在的 [錯誤] 認同。

1.13

自我錯誤之認同，
或內或外皆放下；
「吾乃所現之身相」，
此種謬見亦放下；
堅定認同於真我，
不壞、能覺亦不二。

13 bodha，參見 1.9 及 1.12 頌中的註解。

14 paribhāvanā，原義指思慮、反思、修習、熏修，此處意譯為「堅定地認同」。

15 ābhāsa，影像、幻影，指的是雖有顯現而無實體的形象。

देहाभमिानपाशेन चरि बद्धोऽसि पुत्रक ।
बोधोऽहं ज्ञानखड्गेन तन्नकित्य सुखी भव ॥ १-१४ ॥

dehābhimānapāśena ciraṃ baddho'si putraka
bodho'haṃ jñānakhaḍgena tannikṛtya sukhī bhava

1.14

認身體為自己，[這種認同就] 如同套索一般，
長久以來你被纏縛其中，孩子啊！
「我是覺性」如同智慧的寶劍，
用它來斬斷 [套索] 吧，怡然安樂。

1.14

身體知覺如套索，
吾兒！困此已久矣！
「吾乃覺性」如慧劍，
揮劍斬索心安樂。

निःसङ्गो निष्क्रियोऽसि त्वं स्वप्रकाशो निरञ्जनः ।

अयमेव हि ते बन्धः समाधिमनुतिष्ठति ॥ १-१५ ॥

niḥsaṅgo niṣkriyo'si tvaṃ svaprakāśo nirañjanaḥ

ayameva hi te bandhaḥ samādhimanutiṣṭhati

1.15

你 [從來都] 是離諸執著、無作[16]的，

自明閃耀而離於垢染。

繼續修習三摩地[17]，

確實就是你的束縛。

1.15

汝本無著亦無作，

自明獨耀離垢染；

若更修習三摩地，

實則乃是汝之縛。

16 niṣkriya：ni-，無；kriya，活動、行為。niṣkriyaṃ 指的是無活動，息滅了行為，古代譯師也譯為「所作永息」。

17 samādhi，音譯為「三摩地」或「三昧」，意為「禪定」、「寂定」、「等持」。

त्वया व्याप्तमिदं विश्वं त्वयि प्रोतं यथार्थतः ।
शुद्धबुद्धस्वरूपस्त्वं मा गमः क्षुद्रचित्तताम् ॥ १-१६ ॥

tvayā vyāptamidaṃ viśvaṃ tvayi protaṃ yathārthataḥ
śuddhabuddhasvarūpastvaṃ mā gamaḥ kṣudracittatām

1.16
這個宇宙被你所遍布充滿，
這一切也在你之中交織而成。
你的本來面目[18]就是純淨覺性，
不要囿於狹小的心。

1.16
十方世界汝充滿，
宇宙亦在汝之中。
汝即無邊純淨覺，
心莫自甘於狹小。

18 svarūpa，是吠檀多中的常見詞彙。sva 指自己，rūpa 是容色、面貌、形貌，也有特質、性質的意思。所以 sva-rūpa 就是指「真實本性」、「真實自性」、「自己的本來面目」。

नरिपेक्षो नर्िविकारो नर्िभरः शीतलाशयः ।
अगाधबुद्धरिक्षुब्धो भव चन्मिात्रवासनः ॥ १-१७ ॥

nirapekṣo nirvikāro nirbharaḥ śītalāśayaḥ
agādhabuddhirakṣubdho bhava cinmātravāsanaḥ

1.17

你無有相待[19]，無有變易，
你深沉一如[20]，是清涼的休棲之地，
你是甚深難測的妙智，無有動搖，
只住[21]於覺性吧。

1.17

無有相待無變易，
深沉一如離熱惱；
汝即妙智無動搖，
唯此應住是覺性。

19 nirapekṣa，指的是「沒有互相對待」、「沒有互相依存」，即不依靠二元性的互相對待的條件而成。

20 nirbhara，意為「濃厚」、「濃烈」、「充滿」，指完全充滿、不可分割。

21 vāsana，原義為停留、居住。變為名詞 vāsanā 後，意為「習氣」，指宿世輪迴後留下的習慣。此處也可以理解為「只熏習於覺性吧」。有英譯本將這個詞理解為「渴求」、「欲望」，這句話就成了「只渴求覺性吧」。

साकारमनृतं वद्धि निराकारं तु नश्चिलम् ।
एतत्तत्त्वोपदेशेन न पुनर्भवसम्भवः ॥ १-१८ ॥

sākāramanṛtaṃ viddhi nirākāraṃ tu niścalam
etattattvopadeśena na punarbhavasambhavaḥ

1.18

要知道，具有形相的都不真實，
而無形相者，才是不動 [而恆常] 的。
由於這份真實的教導，
你不會再度出生[22]。

1.18

須知有形非真實，
無形無相乃恆常；
藉此真實之教誨，
不復受生汝得脫。

22 此處梵文是 punar bhava，再次出生、受生的意思。

यथैवादर्शमध्यस्थे रूपेऽन्तः परितस्तु सः ।
तथैवाऽस्मिन् शरीरेऽन्तः परितः परमेश्वरः ॥ १-१९ ॥

yathaivādarśamadhyasthe rūpe'ntaḥ paritastu saḥ
tathaivā'smin śarīre'ntaḥ paritaḥ parameśvaraḥ

1.19

就像鏡面立於 [內外的] 中間，
它既在鏡像之中，也在鏡像之外。
至高無上的自在主[23]，既存在於身體之內，
也存在於身體之外。

1.19

恰似鏡面立中間，
既在像內亦在外；
無上至高自在主，
亦在身內及身外。

23 Īśvara：Īś 是「能力」、「祜主」之意；vara 是「善妙」之意。Īśvara 被中國古代的佛教譯師們或音譯為「伊濕伐邏」，或意譯為「自在」，也就是觀自在菩薩名號 Avalokiteśvara 中的 īśvara。本文中譯為「自在主」。

एकं सर्‌वगतं व्‌योम बहरिन्‌तर्‌यथा घटे ।

नति्‌यं नरिन्‌तरं ब्‌रह्‌म सर्‌वभूतगणे तथा ॥ १-२० ॥

ekaṃ sarvagataṃ vyoma bahirantaryathā ghaṭe

nityaṃ nirantaraṃ brahma sarvabhūtagaṇe tathā

1.20

就像同一且遍在的虛空，
存在於罐子的內部和外部。
永恆而連續無有間隙的梵，
也存在於一切的萬物眾生中。

1.20

虛空一如皆周遍，
無論瓶罐之內外；
梵亦如此恆遍在，
一切眾生萬物中。

第二章

見性之喜

जनक उवाच ॥

अहो निरञ्जनः शान्तो बोधोऽहं प्रकृतेः परः ।

एतावन्तमहं कालं मोहेनैव विडम्बितः ॥ २-१ ॥

janaka uvāca

aho nirañjanaḥ śānto bodho'haṃ prakṛteḥ paraḥ

etāvantamahaṃ kālaṃ mohenaiva viḍambitaḥ

迦納卡說：

2.1

奇哉[24]！我是無染、寧靜的覺性，

我超越了原質[25]。

我一直以來，

都被無明[26]欺騙。

迦納卡云：

2.1

奇哉！吾乃純覺性！

無染、寧靜超世間；

吾為幻相所欺誑，

時至如今已久矣。

……………

24 aho，音譯「阿吙」，語氣詞，表驚訝、讚嘆或悲憫等情感，古代譯師在佛經中多譯作「奇哉」、「稀有」，本中譯沿用了這一意譯。

25 prakṛti，音譯「普拉克瑞蒂」，舊譯為「原質」。廣義上 prakṛti 指形成宇宙（即幻相）的最根本的物質基礎。

26 moha，愚癡、愚迷，也譯為「無明」。

यथा प्रकाशयाम्येको देहमेनं तथा जगत् ।
अतो मम जगत्सर्वमथवा न च किञ्चन ॥ २-२ ॥

yathā prakāśayāmyeko dehamenaṃ tathā jagat
ato mama jagatsarvamathavā na ca kiñcana

2.2

正如獨一之我照亮了這具身體，
我也照亮了宇宙。
所以整個宇宙都是我的，
或者什麼都不是我的。

2.2

獨一之我[27]光閃耀，
明照此身及世間；
故而世界皆屬我，
然無一物為我有。

27 在本七言體譯本中，一般意義上的第一人稱代詞都譯為「吾」。而當強調此為「真我自性」時，我們選擇譯為「我」，比如此處的「獨一之我」。但隨著迦納卡在 2.11-2.14 頌宣講了「我甚奇哉！頂禮我！」之後，他作為修行者的「個我」開始完全認同「真我」，於是「個我」與「真我自性」不再有界限，「吾」和「我」兩字的區別也不復明顯。

स शरीरमहो विश्वं परित्यज्य मयाधुना ।
कुतश्चित् कौशलाद् एव परमात्मा विलोक्यते ॥ २-३ ॥

sa śarīramaho viśvaṃ parityajya mayādhunā
kutaścit kauśalād eva paramātmā vilokyate

2.3

奇哉！身體和全世界，
現今已被我捨棄。
靠了 [老師的] 一些善巧[28]，
我才得以見到了究竟自性。

2.3

奇哉！身體及世間，
吾今棄之而不顧；
藉由恩師施善巧，
得見究竟之自性。

28 kauśala，善巧，巧妙。

यथा न तोयतो भिन्नास्तरङ्गाः फेनबुद्बुदाः ।
आत्मनो न तथा भिन्नं विश्वमात्मविनिर्गतम् ॥ २-४ ॥

yathā na toyato bhinnāstaraṅgāḥ phenabudbudāḥ
ātmano na tathā bhinnaṃ viśvamātmavinirgatam

2.4

正如波浪、泡沫和水泡，
與水並沒有什麼不同；
宇宙從自性而出，
與自性也沒有什麼不同。

2.4

如波、浮漚及水泡，
此三與水無有殊；
宇宙源由自性生，
實與自性無有別。

तन्तुमात्रो भवेद् एव पटो यद्वद् वचिारतिः ।
आत्मतन्मात्रमेवेदं तद्वद् वशि्वं वचिारतिम् ॥ २-५ ॥

tantumātro bhaved eva paṭo yadvad vicāritaḥ
ātmatanmātramevedaṃ tadvad viśvaṃ vicāritam

2.5

正如審視一塊布，
會發現只是絲線；
也這樣去審視宇宙，
會發現只唯有自性。

2.5

若觀布匹剖析之，
唯見絲線別無他；
如此剖析觀宇宙，
唯是自性別無他。

यथैवेक्षुरसे क्लृप्ता तेन व्याप्तैव शर्करा ।
तथा विश्वं मयि क्लृप्तं मया व्याप्तं निरन्तरम् ॥ २-६ ॥

yathaivekṣurase klṛptā tena vyāptaiva śarkarā
tathā viśvaṃ mayi klṛptaṃ mayā vyāptaṃ nirantaram

2.6

正如蔗糖產於甘蔗汁，
並完全被甘蔗汁充滿；
萬物也生於我之中，
並徹底被我遍滿，無有間隙。

2.6

糖由甘蔗汁製成，
悉皆為汁所充滿；
萬物生於我之中，
被我浸潤無間隙。

आत्मज्ञानाज्जगद् भाति आत्मज्ञानान्न भासते ।
रज्ज्वज्ञानादहिर्भाति तज्ज्ञानाद् भासते न हि ॥ २-७ ॥

ātmajñānājjagad bhāti ātmajñānānna bhāsate
rajjvajñānādahirbhāti tajjñānād bhāsate na hi

2.7

世界由不知自性而顯現，
由了知自性而消失。
[就像]沒認出繩子，蛇就出現了；
真正認出繩子，蛇就消失了。

2.7

不識自性世界顯，
識得自性世界隕；
恰如將繩誤作蛇，
認出繩體幻蛇滅。

प्रकाशो मे निजं रूपं नातिरिक्तोऽस्म्यहं ततः ।
यदा प्रकाशते विश्वं तदाहं भास एव हि ॥ २-८ ॥

prakāśo me nijaṃ rūpaṃ nātirikto'smyahaṃ tataḥ
yadā prakāśate viśvaṃ tadāhaṃ bhāsa eva hi

2.8
光明，是我內在的真面目，
我與之並無不同。
當宇宙顯現時，
確實只是我在閃耀。

2.8
吾之真性即是光，
吾與本性實無異；
當此世界顯現時，
實則乃我獨閃耀。

अहो वकिल्पतिं वशि्वमज्ञानान्मयभािसते ।

रूप्यं शुक्तौ फणी रज्जौ वारसिूर्यकरे यथा ॥ २-९ ॥

aho vikalpitaṃ viśvamajñānānmayi bhāsate

rūpyaṃ śuktau phaṇī rajjau vāri sūryakare yathā

2.9

奇哉！由於無明，

而妄見宇宙在我之內顯現。

如同 [妄見] 貝殼是白銀，繩子是蛇，

[或妄見] 陽焰是水。

2.9

奇哉！因由無明故，

見世界於我中顯；

恰如認繩誤作蛇，

或將海貝作白銀，

或睹水生陽焰中。

मत्तो विनिर्गतं विश्वं मय्येव लयमेष्यति।
मृदि कुम्भो जले वीचिः कनके कटकं यथा ॥ २-१० ॥

matto vinirgataṃ viśvaṃ mayyeva layameṣyati
mṛdi kumbho jale vīciḥ kanake kaṭakaṃ yathā

2.10
宇宙源自於我，
定然會消融於我。
如同陶罐入於泥土，波浪入於水，
手鐲入於金子。

2.10
宇宙萬物源於我，
定必消融復歸我；
恰如缶碎還入土，
浪息歸水，釧歸金。

अहो अहं नमो मह्यं विनाशो यस्य नास्ति मे ।
ब्रह्मादिस्तम्बपर्यन्तं जगन्नाशोऽपि तिष्ठतः ॥ २-११ ॥

aho ahaṃ namo mahyaṃ vināśo yasya nāsti me
brahmādistambaparyantaṃ jagannāśo'pi tiṣṭhataḥ

2.11

奇哉啊我！向我頂禮！
對我來說，不會有衰敗。
即使上至梵天、下至草葉，
世間一切都摧毀了，我依舊留存。

2.11

我甚奇哉！頂禮我！
我乃無生無滅者；
大地草芥至梵天，
從下及上諸一切，
假使悉數盡破滅，
我亦不死得留存。

अहो अहं नमो मह्यमेकोऽहं देहवानपि।
क्वचिन्न गन्ता नागन्ता व्याप्य विश्वमवस्थितः ॥ २-१२ ॥

aho ahaṃ namo mahyameko'haṃ dehavānapi
kvacinna gantā nāgantā vyāpya viśvamavasthitaḥ

2.12

奇哉啊我！向我頂禮！
即使帶著身體，我依然是一，
不去任何地方，也不來自何處，
遍滿了宇宙，[如是] 安住。

2.12

我甚奇哉！頂禮我！
雖具身體實乃一；
無處將去無處來，
如是安住遍法界。

अहो अहं नमो मह्यं दक्षो नास्तीह मत्समः ।
असंस्पृश्य शरीरेण येन विश्वं चिरं धृतम् ॥ २-१३ ॥

aho ahaṃ namo mahyaṃ dakṣo nāstīha matsamaḥ
asaṃspṛśya śarīreṇa yena viśvaṃ ciraṃ dhṛtam

2.13

奇哉啊我！向我頂禮！
沒有誰如我這般有能力。
身體並不觸碰［宇宙］，
我卻恆時永久承載著宇宙。

2.13

我甚奇哉！頂禮我！
無人與我力等同；
恆時永久載宇宙，
身體與之全無觸。

अहो अहं नमो मह्यं यस्य मे नास्ति किञ्चन ।
अथवा यस्य मे सर्वं यद् वाङ्मनसगोचरम् ॥ २-१४ ॥

aho ahaṃ namo mahyaṃ yasya me nāsti kiñcana
athavā yasya me sarvaṃ yad vāṅmanasagocaram

2.14

奇哉啊我！向我頂禮！
我一無所有，
或者說，但凡語言和心意所及處，
一切都歸我所有。

2.14

我甚奇哉！頂禮我！
一無所有無所得；
然凡言思所及處，
一切悉歸我所有。

ज्ञानं ज्ञेयं तथा ज्ञाता त्रितयं नास्ति वास्तवम् ।
अज्ञानाद् भाति यत्रेदं सोऽहमस्मि निरञ्जनः ॥ २-१५ ॥

jñānaṃ jñeyaṃ tathā jñātā tritayaṃ nāsti vāstavam
ajñānād bhāti yatredaṃ so'hamasmi nirañjanaḥ

2.15
了知、所知，還有知者，
三者在實相中並不存在。
我是無染的「那個」，
由於無明，三者在其中顯現。

2.15
了知、所知及知者，
於實相中悉皆無；
由無明故此三者，
於無染之我中顯。

द्वैतमूलमहो दुःखं नान्यत्तस्याऽस्ति भेषजम् ।
दृश्यमेतन् मृषा सर्वमेकोऽहं चिद्रसोमलः ॥ २-१६ ॥

dvaitamūlamaho duḥkhaṃ nānyattasyā'sti bheṣajam
dṛśyametan mṛṣā sarvameko'haṃ cidrasomalaḥ

2.16

奇哉！二元對立是苦厄的根源，
對此沒有別的藥方，
[除了明白] 一切所見皆虛妄不實，
而我是純淨、獨一的覺知精華 [29]。

2.16

奇哉！二元主客立，
即是苦厄之根源，
此病難治無良方；
唯須了悟一切境，
虛妄不實皆非真，
吾乃獨一淨覺性。

29 cid-raso：cit，覺，知；rasah，本質，精髓，風味。

बोधमात्रोऽहमज्ञानाद् उपाधिः कल्पितो मया ।
एवं विमृशतो नित्यं निर्विकल्पे स्थितिर्मम ॥ २-१७ ॥

bodhamātro'hamajñānād upādhiḥ kalpito mayā
evaṃ vimṛśato nityaṃ nirvikalpe sthitirmama

2.17
我唯是覺性，[卻因為對此] 不了知，
給自己妄加了各種限定。
如是恆常反思，
我安住於無分別中。

2.17
唯是覺性卻不知，
對己妄加諸限定；
如是反思恆堅信，
無分別中吾安住。

न मे बन्धोऽस्ति मोक्षो वा भ्रान्तिः शान्तो निराश्रया ।
अहो मयि स्थितं विश्वं वस्तुतो न मयि स्थितम् ॥ २-१८ ॥

na me bandho'sti mokṣo vā bhrāntiḥ śānto nirāśrayā
aho mayi sthitaṃ viśvaṃ vastuto na mayi sthitam

2.18

我不受束縛，也沒有解脫。
迷妄失去了支撐，已經停息。
奇哉！宇宙在我之中，
實際上也並不存在於我之中。

2.18

吾無束縛亦無脫，
失去支撐迷亂止；
奇哉！宇宙在吾中，
實亦不在吾之中。

सशरीरमदिं वशि्वं न कञ्ि्चदिति निश्ि्चतिम् ।
शुद्धचनि्मात्र आत्मा च तत्कस्मनि् कल्पनाधुना ॥ २-१९ ॥

saśarīramidaṃ viśvaṃ na kiñciditi niścitam
śuddhacinmātra ātmā ca tatkasmin kalpanādhunā

2.19
身體和這整個宇宙，
我已確知並不存在。
而自性只是純淨覺性，
現今，妄想[30]還能立於何處呢？

2.19
吾已確知生定解，
宇宙、身體實乃無；
自性唯是純淨覺，
現今妄想何得立？

30 kalpanā，分別，虛構，妄想。在《八曲仙人之歌》中反覆出現，本中譯將之譯為「妄想分別」、「妄想」、「妄分別」。

शरीरं स्वर्गनरकौ बन्धमोक्षौ भयं तथा ।
कल्पनामात्रमेवैतत् किं मे कार्यं चिदात्मनः ॥ २-२० ॥

śarīraṃ svarganarakau bandhamokṣau bhayaṃ tathā
kalpanāmātramevaitat kiṃ me kāryaṃ cidātmanaḥ

2.20
身體、天界與地獄、
束縛、解脫，以及恐懼，
都只不過是妄分別。
與我有什麼關係？我本是覺性。

2.20
身體、天界及地獄，
束縛、解脫與恐懼，
如此諸般皆妄想，
與吾何曾有交涉？
吾之本質唯覺性。

अहो जनसमूहेऽपि न द्वैतं पश्यतो मम ।
अरण्यमिव संवृत्तं क्व रतिं करवाण्यहम् ॥ २-२१ ॥

aho janasamūhe'pi na dvaitaṃ paśyato mama
araṇyamiva saṃvṛttaṃ kva ratiṃ karavāṇyaham

2.21
奇哉！縱然是在人群中，
我也不見 [有任何] 二元對立。
即使人群變成了荒林，
我又會掛懷什麼呢？

2.21
奇哉！縱立萬眾中，
吾亦不見二元別；
縱使人間化荒林，
吾有何事可掛懷？

नाहं देहो न मे देहो जीवो नाहमहं हि चित् ।
अयमेव हि मे बन्ध आसीद्या जीविते स्पृहा ॥ २-२२ ॥

nāhaṃ deho na me deho jīvo nāhamahaṃ hi cit
ayameva hi me bandha āsīdyā jīvite spṛhā

2.22

我不是身體，也沒有身體。
我不是個體[31]，我確實是覺性。
這真的是我的束縛，
那就是渴望活著。

2.22

吾非身體亦無身，
吾非個體唯是覺；
希冀生命得存活，
實則乃是吾之縛。

31 jīva，指個體的生命。古代的佛教譯師也將之譯為「命」、「壽者」、「神我」等，即鳩摩羅什所譯《金剛經》中的「壽者」。在此譯本中，譯為「個體」，或者「個我」。

अहो भुवनकल्लोलैर्विचित्रैर्द्राक् समुत्थितम् ।
मय्यनन्तमहाम्भोधौ चित्तवाते समुद्यते ॥ २-२३ ॥

aho bhuvanakallolairvicitrairdrāk samutthitam
mayyanantamahāmbhodhau cittavāte samudyate

2.23

奇哉！在我這無垠大海中，
心識[32]之風一吹起來，
形形色色的世界巨浪，
就立即湧現。

2.23

奇哉！我之無垠海，
一旦心識風吹起，
世間千般幻相波，
隨風湧生浪濤然。

32 citta，心，意，思想，識。

मय्यनन्तमहाम्भोधौ चत्तिवाते प्रशाम्यतिं।
अभाग्याज्जीववणजिो जगत्पोतो वनिश्वरः ॥ २-२४ ॥

mayyanantamahāmbhodhau cittavāte praśāmyati
abhāgyājjīvavaṇijo jagatpoto vinaśvaraḥ

2.24
在我這無垠大海中，
心識之風一旦平息，
個我[33]這商販[所乘坐]的世界之舟，
就不幸地沉沒了。

2.24
於我無垠性海中，
心識之風若平息，
個我營謀販夫魂，
所乘宇宙之方舟，
不幸溺水覆舟逝。

33 即 jīva。

मय्यनन्तमहाम्भोधावाश्चर्यं जीववीचयः ।
उद्यन्ति घ्नन्ति खेलन्ति प्रविशन्ति स्वभावतः ॥ २-२५ ॥

mayyanantamahāmbhodhāvāścaryaṃ jīvavīcayaḥ
udyanti ghnanti khelanti praviśanti svabhāvataḥ

2.25

在我這無垠大海中，
個我的波濤多麼奇特[34]！
他們隨其本性 [紛紛] 升起，
碰撞、嬉戲，[然後] 又消失了。

2.25

於我無垠性海中，
波濤洶湧甚奇哉！
個我生命習性浪，
興起嬉鬧復還滅。

34 āścarya，奇異的，稀奇，奇特，稀有。

第三章

明驗見性

अष्टावक्र उवाच ॥

अविनाशिनमात्मानमेकं विज्ञाय तत्त्वतः ।

तवात्मज्ञानस्य धीरस्य कथमर्थार्जने रतिः ॥ ३-१ ॥

aṣṭāvakra uvāca

avināśinamātmānamekaṃ vijñāya tattvataḥ

tavātmajñānasya dhīrasya kathamarthārjane ratiḥ

八曲仙人說：

3.1

已經知道了你自己的真實本性[35]，

是不可摧毀的，就是一。

已經明白了，且堅定不移[36]的你，

怎麼還會熱衷於斂取財富呢？

八曲仙人云：

3.1

確知汝之真實性，

實乃是一不可摧；

既已明瞭慧堅定，

汝豈汲汲好聚財？

35 tattva，真實本性，真實狀態，真理。

36 dhīra，堅固的，心意堅定的，勇猛的。在《八曲仙人之歌》中這個詞經常出現，特指了悟自性、智慧堅定的智者，所以我們也譯為「智慧堅定者」，如 3.9 頌，4.1 頌等。在有些時候為了行文簡潔，尤其在第十八章中，則直接簡化譯為「智者」。

आत्माज्ञानादहो प्रीतिर्विषयभ्रमगोचरे ।
शुक्तेरज्ञानतो लोभो यथा रजतविभ्रमे ॥ ३-२ ॥

ātmājñānādaho prītirviṣayabhramagocare
śukterajñānato lobho yathā rajatavibhrame

3.2

奇哉！因為不識自性，
對虛幻的感官對境生起愛悅。
就像由於不識貝殼，
對銀子的幻相生起了貪心。

3.2

奇哉！不識自性故，
於虛幻境而起執；
恰似不識貝殼故，
妄認為銀而生貪。

विश्वं स्फुरति यत्रेदं तरङ्गा इव सागरे ।
सोऽहमस्मीति विज्ञाय किं दीन इव धावसि ॥ ३-३ ॥

viśvaṃ sphurati yatredaṃ taraṅgā iva sāgare
so'hamasmīti vijñāya kiṃ dīna iva dhāvasi

3.3
宇宙顯現於 [自性] 之中，
如同波濤 [生起] 於海上。
已經了悟「我就是那個」[37]，
你為何還要像個可憐人那樣四處奔波？

3.3
自性之中宇宙現，
恰似海上波濤生；
既已了悟「吾即彼」，
何苦奔波常碌碌？

37 so'ham asmī，奧義書中著名的真言。最早出自《自在奧義書》（*Isha Upanishad*）（約公元前 1200-800 年間）。

श्रुत्वापि शुद्धचैतन्य आत्मानमतिसुन्दरम् ।
उपस्थेऽत्यन्तसंसक्तो मालिन्यमधिगच्छति ॥ ३-४ ॥

śrutvāpi śuddhacaitanya ātmānamatisundaram
upasthe'tyantasaṃsakto mālinyamadhigacchati

3.4
已經聽聞自性是純淨覺力[38]，
美得無與倫比。
怎麼可能還執迷於性器官[39][之樂]，
趣入汙穢之中呢？

3.4
自性乃是淨覺力，
美哉此性無可比！
既已聽聞如斯理，
豈能著染陷情欲？

38 caitanya，是梵文 cit 的一個衍生變位名詞，《八曲仙人之歌》中出現過兩次，分別為 3.4 頌及 9.6 頌。在吠檀多教義中，caitanya 通常側重表示覺性的「能知」的力量的一面，所以我們將之譯為「覺力」。caitanya的陰性名詞為cetana，出現在10.5頌，也被譯為了「覺力」。

39 upastha，生殖器，舊譯「人根」。

सर्वभूतेषु चात्मानं सर्वभूतानि चात्मनि।
मुनेर्जानत आश्चर्यं ममत्वमनुवर्तते ॥ ३-५ ॥

sarvabhūteṣu cātmānaṃ sarvabhūtāni cātmani
munerjānata āścaryaṃ mamatvamanuvartate

3.5

自性就在一切萬物眾生中，
一切萬物眾生都在自性裡。
如是了悟的聖者，
若我執[40]還會繼續，那就太奇怪了！

3.5

自性即在萬法中，
萬法亦在自性裡；
如是了悟之聖者，
個我執著若復存，
實乃離奇甚怪哉！

40 mamatvam，對自我的執著。

आस्थितः परमाद्वैतं मोक्षार्थेऽपि व्यवस्थितः ।
आश्चर्यं कामवशगो विकलः केलिशिक्षया ॥ ३-६ ॥

āsthitaḥ paramādvaitaṃ mokṣārthe'pi vyavasthitaḥ
āścaryaṃ kāmavaśago vikalaḥ keliśikṣayā

3.6
安住於無上不二，
確定把解脫作為目標的人，
若還依從於欲樂，
受性愛淫行的損惱，那就太奇怪了！

3.6
無上不二得安住，
但慕解脫之志士，
若復猶為情欲蠱，
耽於淫行受損惱，
實屬離奇甚怪哉！

उद्भूतं ज्ञानदुर्मित्रमवधार्यातिदुर्बलः ।
आश्चर्यं काममाकाङ्क्षेत् कालमन्तमनुश्रितः ॥ ३-७ ॥

udbhūtaṃ jñānadurmitramavadhāryātidurbalaḥ
āścaryaṃ kāmamākāṅkṣet kālamantamanuśritaḥ

3.7

明白［性欲］增盛乃是智慧之敵，
已極度衰弱的人，
在接近臨死之際，
還依然渴望欲樂，那就太奇怪了！

3.7

色欲障智乃其敵，
明此理者臨命終，
氣力衰盡猶思淫，
實屬離奇甚怪哉！

इहामुत्र विरक्तस्य नित्यानित्यविवेकिनः ।
आश्चर्यं मोक्षकामस्य मोक्षाद् एव विभीषिका ॥ ३-८ ॥

ihāmutra viraktasya nityānityavivekinaḥ
āścaryaṃ mokṣakāmasya mokṣād eva vibhīṣikā

3.8

不執著此生和來世，
能明辨永恆與無常，
並渴望解脫，這樣的人，
卻還恐懼 [身體的] 脫落[41]，那就太奇怪了！

3.8

此生來世皆無執，
無常永恆能明辨，
慕求解脫如是者，
猶恐身亡命將逝，
實屬離奇甚怪哉！

41 這一頌中出現了兩次 mokṣa。mokṣa 指的是「從……解放出來」，第一次 mokṣa 譯為「解脫」，第二次指的是死亡時從身體中脫離出來。

धीरस्तु भोज्यमानोऽपि पीड्यमानोऽपि सर्वदा ।
आत्मानं केवलं पश्यन् न तुष्यति न कुप्यति ॥ ३-९ ॥

dhīrastu bhojyamāno'pi pīḍyamāno'pi sarvadā
ātmānaṃ kevalaṃ paśyan na tuṣyati na kupyati

3.9
無論是受供養還是被折磨，
智慧堅定者，
確實從來只見唯一之自性，
他既不喜悅也不嗔怒。

3.9
得人厚待或折辱，
智者於心無擾動，
恆見唯一之自性，
既無喜悅亦無嗔。

चेष्टमानं शरीरं स्वं पश्यत्यन्यशरीरवत् ।
संस्तवे चापि निन्दायां कथं क्षुभ्येत् महाशयः ॥ ३-१० ॥

ceṣṭamānaṃ śarīraṃ svaṃ paśyatyanyaśarīravat
saṃstave cāpi nindāyāṃ kathaṃ kṣubhyet mahāśayaḥ

3.10
心量廣大者見自己身體的行為，
就像是別人身體所為。
被讚揚或是被指責，
又怎麼還會擾亂他呢？

3.10
心量廣大至偉者，
觀己自身之所為，
恰似他人身行也，
如是豈受毀譽擾？

मायामात्रमदिं वशि्वं पश्यन् वगितकौतुकः ।
अपसिन्नहिति मृत्यौ कथं त्रस्यतधीरधीः ॥ ३-११ ॥

māyāmātramidaṃ viśvaṃ paśyan vigatakautukaḥ
api sannihite mṛtyau kathaṃ trasyati dhīradhīḥ

3.11

慧堅定者[42] 見到宇宙只不過是摩耶[43]，
斷除了 [所有] 興趣。
即使是死亡臨近，
又怎麼還會畏懼呢？

3.11

得見宇宙唯是幻，
一切興趣索然無；
如是智慧至堅者，
臨終之際豈畏死？

....

42 dhīradhīḥ：dhīra，堅定的，不變的；dhī，思考，智慧，洞察。本文中更為常見的表示「智慧堅定」的說法乃是 dhīra，參見 3.1 頌的注釋。

43 māyā，字面直譯為「不是（mā）那個（yā）」，本譯本取其音譯，即「摩耶」。意譯可作「幻相」、「幻覺」。

नःिस्पृहं मानसं यस्य नैराश्येऽपि महात्मनः ।
तस्यात्मज्ञानतृप्तस्य तुलना केन जायते ॥ ३-१२ ॥

niḥspṛhaṃ mānasaṃ yasya nairāśye'pi mahātmanaḥ
tasyātmajñānatṛptasya tulanā kena jāyate

3.12

這樣的聖雄甚至在絕望[44]之時，
也是心無所欲的。
他滿足於了知自性，
誰又能與之相提並論呢？

3.12

誰人堪比此聖雄？
契悟自性獲滿足，
身處絕境臨危時，
亦離諸欲心無求。

44 nairāśya 字面意為絕望、絕念、斷念，但有英譯本將其理解為「無欲」，認為此處的意思是「甚至失去了對解脫的渴望」。此詞在後文中出現多次，有時是「絕望」之意，有時則表示「無欲」、「斷念」。

स्वभावाद् एव जानानो दृश्यमेतन्न किञ्चन ।
इदं ग्राह्यमिदं त्याज्यं स किं पश्यति धीरधीः ॥ ३-१३ ॥

svabhāvād eva jānāno dṛśyametanna kiñcana
idaṃ grāhyamidaṃ tyājyaṃ sa kiṃ paśyati dhīradhīḥ

3.13

心意堅定者瞭解，
所見的對境本質上並非實有。
這個要接受，那個要捨棄，
為何還會這麼認為呢？

3.13

心無擾動至堅者，
曉了對境本非實，
豈復愛憎決取捨，
好此惡彼猶揀擇？

अन्तस्त्यक्तकषायस्य निर्द्वन्द्वस्य निराशिषः ।
यदृच्छयागतो भोगो न दुःखाय न तुष्टये ॥ ३-१४ ॥

antastyaktakaṣāyasya nirdvandvasya nirāśiṣaḥ
yadṛcchayāgato bhogo na duḥkhāya na tuṣṭaye

3.14

內在捨離了 [世間的] 穢濁，
超越二元對立的離欲之人，
[對他來說，] 資財等受用，隨緣而至，
不會招來快樂或痛苦。

3.14

歸元不二離欲者，
內心已離世間濁，
福祿自來任隨緣，
既不招樂亦無苦。

第四章

見性之德

जनक उवाच ॥

हन्तात्मज्ञानस्य धीरस्य खेलतो भोगलीलया ।

न हि संसारवाहीकैर्मूढैः सह समानता ॥ ४-१ ॥

janaka uvāca

hantātmajñānasya dhīrasya khelato bhogalīlayā

na hi saṃsāravāhīkairmūḍhaiḥ saha samānatā

迦納卡說：

4.1

哦[45]！了知自性且智慧堅定的人，

儘管在 [世間的] 資財中遊戲，

但與陷於輪迴中的愚迷的牲畜，

是完全不同的。

迦納卡云：

4.1

了悟自性堅定者，

遊戲世間不受困，

與陷輪迴之迷獸，

二者相較實殊異。

45 hanta，為引起注意的感歎詞，後面常接想要對方注意到的事項，類似「請聽」、「看呀」；也有表示驚訝的意思，可譯為「噢」、「呀」。有英譯本將此理解為是 arihanta（降伏了煩惱之賊的人）的縮寫。

यत् पदं प्रेप्सवो दीनाः शक्रादयाः सर्वदेवताः ।

अहो तत्र स्थितो योगी न हर्षमुपगच्छति ॥ ४-२ ॥

yat padaṃ prepsavo dīnāḥ śakrādyāḥ sarvadevatāḥ

aho tatra sthito yogī na harṣamupagacchati

4.2

因陀羅等諸天神，
希冀那種境界而鬱鬱不樂；
奇哉！瑜伽士安住此境界，
並不覺得欣喜。

4.2

因陀羅等諸天神，
求彼境界患不得，
奇哉！住此瑜伽士，
不為之喜無可悅。

तज्ज्ञस्य पुण्यपापाभ्यां स्पर्शो ह्यन्तर्न जायते ।
न ह्याकाशस्य धूमेन दृश्यमानापि सङ्गतिः ॥ ४-३ ॥

tajjñasya puṇyapāpābhyāṃ sparśo hyantarna jāyate
na hyākāśasya dhūmena dṛśyamānāpi saṅgatiḥ

4.3
了悟了「那個」的人，
內心不被善惡所觸碰；
如同天空不為煙塵所觸碰，
儘管看似如此。

4.3
了悟自性之智者，
其心不為善惡動；
虛空似被塵埃染，
實則不為其所觸。

आत्मैवेदं जगत्सर्वं ज्ञातं येन महात्मना ।
यदृच्छया वर्तमानं तं निषेद्धुं क्षमेत कः ॥ ४-४ ॥

ātmaivedaṃ jagatsarvaṃ jñātaṃ yena mahātmanā
yadṛcchayā vartamānaṃ taṃ niṣeddhuṃ kṣameta kaḥ

4.4
這整個宇宙都只是自性，
如是了知的聖雄，
他隨緣任運地過活，
誰又能妨礙得了他呢？

4.4
宇宙全體唯是性，
曉了知此之聖雄，
騰騰任運只麼活，
如是之人誰能阻？

आब्रह्मस्तम्बपर्यन्ते भूतग्रामे चतुर्वधि ।
वज्ञिस्यैव हि सामर्थ्यमिच्छानिच्छाववर्जने ॥ ४-५॥

ābrahmastambaparyante bhūtagrāme caturvidhe
vijñasyaiva hi sāmarthyamicchānicchāvivarjane

4.5

從梵天及至草葉，
四類[46]生靈中，
只有明悟者才有能力，
放下貪愛與厭惡。

4.5

地上草芥至梵天，
胎、卵、濕、化四種生，
此中唯有明悟者，
得離貪愛及厭嫌。

46 catur-vidha，四種，指的是四類生靈，即胎、卵、濕、化四生，泛指一切之有情眾生。

आत्मानमद्वयं कश्चिज्जानाति जगदीश्वरम् ।
यद् वेत्ति तत्स कुरुते न भयं तस्य कुत्रचित् ॥ ४-६ ॥

ātmānamadvayaṃ kaścijjānāti jagadīśvaram
yad vetti tatsa kurute na bhayaṃ tasya kutracit

4.6

罕有人知道自性無二，
乃是宇宙的自在主。
他做他知道 [該做] 的事情，
無所畏懼。

4.6

罕有人知性無二，
乃為宇宙自在主；
知所應為則為之，
直下而行無所畏。

第五章

消融四道

अष्टावक्र उवाच ॥

न ते सङ्गोऽस्ति केनापि किं शुद्धस्त्यक्तुमिच्छसि।

सङ्घातविलयं कुर्वन्नेवमेव लयं व्रज ॥ ५-१ ॥

aṣṭāvakra uvāca

na te saṅgo'sti kenāpi kiṃ śuddhastyaktumicchasi

saṅghātavilayaṃ kurvannevameva layaṃ vraja

八曲仙人說：

5.1

你根本不被任何東西染著，

純淨的你又要捨離什麼呢？

讓集合之體[47]消散，

如此就進入了消融[48]。

八曲仙人云：

5.1

汝離一切淨無餘，

更須棄捨何物也？

集合之體若消散，

如是即得入消融。

....

47 saṅghāta，指集合、合並而成，此處指個體的自我乃由各種元素組合而成的，如五種感官、心、意等。

48 laya，消融、消亡、瓦解。世界的毀滅也被稱為 laya。在修行上，laya 指的是沒有二元對立的無分別狀態。

उदेति भवतो विश्वं वारिधेरिव बुद्बुदः ।
इति ज्ञात्वैकमात्मानमेवमेव लयं व्रज ॥ ५-२ ॥

udeti bhavato viśvaṃ vāridheriva budbudaḥ
iti jñātvaikamātmānamevameva layaṃ vraja

5.2

宇宙從你升起，
就像海裡升起的泡沫。
因而知道自性是一，
如此就進入了消融。

5.2

宇宙萬物自汝出，
恰如海中浮漚生；
故知自性乃是一，
如此即得入消融。

प्रत्यक्षमप्यवस्तुत्वाद् विश्वं नास्त्यमले त्वयि।
रज्जुसर्प इव व्यक्तमेवमेव लयं व्रज ॥ ५-३ ॥

pratyakṣamapyavastutvād viśvaṃ nāstyamale tvayi
rajjusarpa iva vyaktamevameva layaṃ vraja

5.3

儘管在眼前可見，但並非真實，
宇宙不存在於純淨的你中，
如同繩子上顯現出來的蛇影，
如此就進入了消融。

5.3

恰如睹繩現蛇影，
宇宙可見實非真，
純淨汝中無一物，
如是即得入消融。

समदुःखसुखः पूर्ण आशानैराश्ययोः समः ।
समजीवितमृत्युः सन्नेवमेव लयं व्रज ॥ ५-४ ॥

samaduḥkhasukhaḥ pūrṇa āśānairāśyayoḥ samaḥ
samajīvitamṛtyuḥ sannevameva layaṃ vraja

5.4

在苦樂中，你是平等且圓滿的，
於希望與絕望平等，
於生命和死亡平等，
如此就進入了消融。

5.4

苦樂無別汝圓滿，
冀悵一如皆平等，
生死本同無縛脫，
如此即得入消融。

第六章

更高了悟

जनक उवाच ॥

आकाशवदनन्तोऽहं घटवत् प्राकृतं जगत् ।

इति ज्ञानं तथैतस्य न त्यागो न ग्रहो लयः ॥ ६-१ ॥

janaka uvāca

ākāśavadananto'haṃ ghaṭavat prākṛtaṃ jagat

iti jñānaṃ tathaitasya na tyāgo na graho layaḥ

迦納卡說[49]：

6.1

我是無限的，如虛空一般，

而表象世間如陶罐一樣。

如是了知就是真知，

所以沒什麼要捨棄、抓取或消融的。

迦納卡云：

6.1

吾即無限如虛空，

表象世界似陶罐；

如是曉了即真知，

故無取捨無消融。

49 此處我們所依據的梵文本為「迦納卡說」，大多數英譯本也是如此翻譯的，只有穆克吉（Radhakamal Mukerjee）和尼提亞斯瓦茹帕南達所依據的梵文本作「八曲仙人說」。

महोदधिरिवाहं स प्रपञ्चो वीचसिऽन्नभिः ।
इतजि्ञानं तथैतस्य न त्यागो न ग्रहो लयः ॥ ६-२ ॥

mahodadhirivāhaṃ sa prapañco vīcisa'nnibhaḥ
iti jñānaṃ tathaitasya na tyāgo na graho layaḥ

6.2

我如大海一般，
而森羅萬象就像波浪一樣。
如是了知就是真知，
所以沒什麼要捨棄、抓取或消融的。

6.2

吾即無邊如海洋，
萬象森羅似波浪；
如是曉了即真知，
故無取捨無消融。

अहं स शुक्तसिङ्काशो रूप्यवद् वशि्वकल्पना ।
इतजि्ञानं तथैतस्य न त्यागो न ग्रहो लयः ॥ ६-३ ॥

ahaṃ sa śuktisaṅkāśo rūpyavad viśvakalpanā
iti jñānaṃ tathaitasya na tyāgo na graho layaḥ

6.3

我如貝殼一般，
而妄想 [出來] 的世界似銀片一樣。
如是了知就是真知，
所以沒什麼要捨棄、抓取或消融的。

6.3

吾即純淨如貝殼，
世間幻顯似銀片；
如是曉了即真知，
故無取捨無消融。

अहं वा सर्वभूतेषु सर्वभूतान्यथो मयि।
इति ज्ञानं तथैतस्य न त्यागो न ग्रहो लयः ॥ ६-४ ॥

ahaṃ vā sarvabhūteṣu sarvabhūtānyatho mayi
iti jñānaṃ tathaitasya na tyāgo na graho layaḥ

6.4
我在一切萬物眾生之中，
一切萬物眾生在我之中。
如是了知就是真知，
所以沒什麼要捨棄、抓取或消融的。

6.4
吾在一切萬法中，
一切萬法在吾中；
如是曉了即真知，
故無取捨無消融。

第七章

領悟之要

जनक उवाच ॥

मय्यनन्तमहाम्भोधौ विश्वपोत इतस्ततः ।
भ्रमति स्वान्तवातेन न ममास्त्यसहिष्णुता ॥ ७-१ ॥

janaka uvāca
mayyanantamahāmbhodhau viśvapota itastataḥ
bhramati svāntavātena na mamāstyasahiṣṇutā

迦納卡說：

7.1
在我這無邊的大海中，
宇宙這艘船，
被它自己內在的風吹得四處漂蕩。
我並不缺乏安忍[50]。

迦納卡云：

7.1
於吾無垠性海中，
宇宙飄蕩似片舟，
為其內風所吹動，
不受煩擾吾安忍。

50 sahiṣṇutā，堪忍，忍受，耐受。詞根為 sah，忍受的意思，即佛教中所說的娑婆世界（sahā lokadhātu）中的「娑婆」。

मय्यनन्तमहाम्भोधौ जगद्वीचिः स्वभावतः ।
उदेतु वास्तमायातु न मे वृद्धिर्न च क्षतिः ॥ ७-२ ॥

mayyanantamahāmbhodhau jagadvīciḥ svabhāvataḥ
udetu vāstamāyātu na me vṛddhirna ca kṣatiḥ

7.2

在我這無邊的大海中，
就讓世界之波浪隨其本性，
[自行地]起起伏伏吧。
我不因此而有增減。

7.2

於吾無垠性海中，
世間無常似波濤，
任其隨緣自起滅，
然吾無增亦無減。

मय्यनन्तमहाम्भोधौ वशि्वं नाम वकिल्पना ।

अतशिान्तो नरिाकार एतदेवाहमास्थतिः ॥ ७-३ ॥

mayyanantamahāmbhodhau viśvaṃ nāma vikalpanā

atiśānto nirākāra etadevāhamāsthitaḥ

7.3

在我這無邊的大海中，

出現了名為「宇宙」的妄想分別。

我極寂靜、無形無相，

我只安住於此。

7.3

於吾無垠性海中，

所謂宇宙由想生；

然吾至寂無形相，

唯此如是吾安住。

नात्मा भावेषु नो भावस्तत्रानन्ते निरञ्जने ।
इत्यसक्तोऽस्पृहः शान्त एतदेवाहमास्तितः ॥ ७-४ ॥

nātmā bhāveṣu no bhāvastatrānante nirañjane
ityasakto'spṛhaḥ śānta etadevāhamāstitaḥ

7.4

自性不在對境中，
[任何] 對境也不在無限無垢的自性中。
因此，自性無執、無欲、寂靜，
我只安住於此。

7.4

自性不存對境中，
境亦不存於性中，
因性無限無染故；
性乃寂靜無執欲，
唯此如是吾安住。

अहो चिन्मात्रमेवाहमिन्द्रजालोपमं जगत् ।
इति मम कथं कुत्र हेयोपादेयकल्पना ॥ ७-५ ॥

aho cinmātramevāhamindrajālopamaṃ jagat
iti mama kathaṃ kutra heyopādeyakalpanā

7.5
奇哉！我確實就只是覺性，
而世界就像因陀羅網[51]。
所以，接受或拒絕，這樣的妄分別，
我怎麼還會有，又哪裡會有呢？

7.5
奇哉！吾乃純覺性！
世界恰似帝釋網，
是故取捨分別念，
吾豈復有從何覓？

51 indrajāla，因陀羅網，印度神話中眾神之首的因陀羅所擁有的寶物，其作用就是製造幻覺。最早出現在《阿闥婆吠陀》（*Atharvavéda*，成書時間約莫在公元前八到十世紀）中：「這個世界就是偉大的因陀羅的網，用這張因陀羅網，我將所有的仇敵都裹挾在陰暗中。」諸英譯本為了通俗性，都翻譯成了「幻師的戲法」。

第八章

縛及解脫

अष्टावक्र उवाच ॥

तदा बन्धो यदा चित्तं किञ्चिद् वाञ्छति शोचति।
किञ्चिन् मुञ्चति गृण्हाति किञ्चिद् दृष्यति कुप्यति ॥ ८-१ ॥

aṣṭāvakra uvāca
tadā bandho yadā cittaṃ kiñcid vāñchati śocati
kiñcin muñcati gṛṇhāti kiñcid dṛṣyati kupyati

八曲仙人說：

8.1
任何希冀或憂愁，
任何捨離或抓取，
任何欣喜或嗔怒，
心中若升起這些，就是束縛。

八曲仙人云：

8.1
冀憂、取捨及喜怒，
心若生此即束縛。

तदा मुक्तिर्यदा चित्तं न वाञ्छति न शोचति।
न मुञ्चति न गृह्णाति न हृष्यति न कुप्यति॥ ८-२॥

tadā muktiryadā cittaṃ na vāñchati na śocati
na muñcati na gṛṇhāti na hṛṣyati na kupyati

8.2

任何希冀或憂愁，
任何捨離或抓取，
任何欣喜或嗔怒，
心中若沒有這些，就是解脫。

8.2

冀憂、取捨及喜怒，
心中若無即解脫。

तदा बन्धो यदा चित्तं सक्तं काश्वपि दृष्टिषु ।
तदा मोक्षो यदा चित्तमसक्तं सर्वदृष्टिषु ॥ ८-३ ॥

tadā bandho yadā cittaṃ saktaṃ kāśvapi dṛṣṭiṣu
tadā mokṣo yadā cittamasaktaṃ sarvadṛṣṭiṣu

8.3

心，愛著任何見解[52]時，
就是束縛；
心，不愛著一切見解時，
就是解脫。

8.3

心執諸見即束縛，
於見無執即解脫。

52 dṛṣṭi，看、注視、視覺、見解。在佛教中，這個詞更多表示的是不正確的見解，比如與「身」（satkāya）組合成為「身見」。各種英譯本認為此處是以「眼睛」這一感官為例，來泛指所有感官覺受。

यदा नाहं तदा मोक्षो यदाहं बन्धनं तदा ।

मत्वेति हेलया किञ्चिन्मा गृहाण विमुञ्च मा ॥ ८-४ ॥

yadā nāhaṃ tadā mokṣo yadāhaṃ bandhanaṃ tadā

matveti helayā kiñcinmā gṛhāṇa vimuñca mā

8.4

沒有「我」時，就是解脫；

「我」出現時，就是束縛。

如此好好思考，

就能自在地不做任何取捨了。

8.4

無「我」之時即解脫，

「我」若存時即束縛；

如此思維曉了之，

心得自在離取捨。

第九章

漠然無執

अष्टावक्र उवाच ॥

कृताकृते च द्वन्द्वानि कदा शान्तानि कस्य वा ।

एवं ज्ञात्वेह निर्वेदाद् भव त्यागपरोऽव्रती ॥ ९-१ ॥

aṣṭāvakra uvāca

kṛtākṛte ca dvandvāni kadā śāntāni kasya vā

evaṃ jñātveha nirvedād bhava tyāgaparo'vratī

八曲仙人說：

9.1

做或不做，這樣的二元對立，

在何時結束？又是對誰而言的呢？

明白這點，對世界漠然，

成為志心出離、不持戒律[53]之人。

八曲仙人云：

9.1

行或未行之職責，

及以二元諸一切，

對誰而言？何時了？

明達於此心漠然，

志慕出離不修善。

53 avratī，指的是不從事宗教儀式，不持守戒律、不行苦行。

कस्यापि तात धन्यस्य लोकचेष्टावलोकनात् ।
जीवितेच्छा बुभुक्षा च बुभुत्सोपशमः गताः ॥ ९-२ ॥

kasyāpi tāta dhanyasya lokaceṣṭāvalokanāt
jīvitecchā bubhukṣā ca bubhutsopaśamaḥ gatāḥ

9.2

我兒啊！難得有這樣的有福之人，
他觀察世人的行為，
因而熄滅了對生命的渴望，
對享樂的渴望和對了知的渴望。

9.2

如是福人世稀有！
洞悉世道觀人心，
由此漠然不求生，
世樂、多知亦不慕。

अनित्यं सर्वमेवेदं तापत्रितयदूषितम् ।
असारं निन्दितं हेयमिति निश्चित्य शाम्यति ॥ ९-३ ॥

anityaṃ sarvamevedaṃ tāpatritayadūṣitam
asāraṃ ninditaṃ heyamiti niścitya śāmyati

9.3

一切確實是無常的，
都被三苦[54]所逼迫，
是無實質的，可鄙的，應被拋棄。
[智者] 如此決斷，[從而獲得了] 平靜。

9.3

了達一切本無常，
皆為三苦所逼迫，
虛幻不實尤可鄙，
智者棄此得安寧。

....

54 tāpa tritaya，三苦，指與身心相應的苦，因事物動靜引起的苦，以及自然力量如洪水、地震等帶來的苦難。

कोऽसौ कालो वयः किं वा यत्र द्वन्द्वानि नो नृणाम् ।
तान्युपेक्ष्य यथाप्राप्तवर्ती सिद्धिमवाप्नुयात् ॥ ९-४ ॥

ko'sau kālo vayaḥ kiṃ vā yatra dvandvāni no nṛṇām
tānyupekṣya yathāprāptavartī siddhimavāpnuyāt

9.4
[生命中] 可曾有一時一歲，
人們離開過二元對立？
拋棄這些，
隨遇而安者達至了圓滿成就。

9.4
人生歲月光陰中，
「二元」何曾離須臾？
棄此即是順道者，
隨遇而安臻圓滿。

नाना मतं महर्षीणां साधूनां योगिनां तथा ।
दृष्ट्वा निर्वेदमापन्नः को न शाम्यति मानवः ॥ ९-५॥

nānā mataṃ maharṣīṇāṃ sādhūnāṃ yogināṃ tathā
dṛṣṭvā nirvedamāpannaḥ ko na śāmyati mānavaḥ

9.5

大仙、出家聖者和瑜伽士[55]，
[他們所]持有的觀點，各不相同。
洞悉到這點的人，開始[對這些觀點]漠然，
他怎能不平靜呢？

9.5

智仙、聖者、瑜伽士，
所持見解各不同；
於此深明洞悉者，
心漠然兮豈無寧？

55 大仙（maharṣi），是對已了悟實相的智者的尊稱，也是釋迦牟尼佛的名號之一。出家聖者（sādhū），離家苦修之人。瑜伽士（yogi），即實修瑜伽者。

कृत्वा मूर्तिपरिज्ञानं चैतन्यस्य न किं गुरुः ।
निर्वेदसमतायुक्त्या यस्तारयति संसृतेः ॥ ९-६ ॥

kṛtvā mūrtiparijñānaṃ caitanyasya na kiṃ guruḥ
nirvedasamatāyuktyā yastārayati saṃsṛteḥ

9.6

有人漠視世間，視一切平等，並契合 [於道]，
從而了悟覺力[56]的真實本質，
救度自己脫離輪迴，
難道他不是 [真正的] 上師嗎？

9.6

有人處世心漠然，
平等一如且相應，
明瞭覺力真實諦，
自覺而得脫輪迴，
彼人豈非真師乎？

56 caitanya，詳見 3.4 頌註解。

पश्य भूतविकारांस्त्वं भूतमात्रान् यथार्थतः ।
तत्क्षणाद् बन्धनिर्मुक्तः स्वरूपस्थो भविष्यसि ॥ ९-७ ॥

paśya bhūtavikārāṃstvaṃ bhūtamātrān yathārthataḥ
tatkṣaṇād bandhanirmuktaḥ svarūpastho bhaviṣyasi

9.7

見到了五大元素的變異，
[實際上] 無非還是五大元素，
你剎那之間[57]便會離於束縛，
安住於自己的本來面目。

9.7

若見五大之變異，
猶是五大非他物；
剎那之間汝離縛，
本來面目得安住。

57 kṣaṇa，音譯就是「剎那」，中文「剎那」一詞即來源於這一梵文，是古印度的一個時間度量單位，表示一念之間的時間，根據《大毘婆沙論》和《俱舍論》的算法，一剎那約等於現在的 0.013 秒。

वासना एव संसार इति सर्वा विमुञ्च ताः ।
तत्त्यागो वासनात्यागात्स्थितिरद्य यथा तथा ॥ ९-८ ॥

vāsanā eva saṃsāra iti sarvā vimuñca tāḥ
tattyāgo vāsanātyāgātsthitiradya yathā tathā

9.8

[欲望] 習氣[58]就是輪迴，
因此，全部拋棄吧。
拋棄習氣就是拋棄輪迴，
現在，你可以如其本然地安住了。

9.8

欲望習氣即輪迴，
是故將其盡棄之；
習氣若捨輪迴斷，
從今汝可得自在。

58 vāsanā，習氣，指的是眾生在輪迴中積累的不良喜好及習慣，也是欲望、煩惱，所以在英譯本中就將之譯為了 desire。

第十章

離欲寂靜

अष्टावक्र उवाच ॥

वहािय वैरिणं काममर्थं चानर्थसङ्कुलम् ।

धर्ममप्येतयोर्हेतुं सर्वत्रानादरं कुरु ॥ १०-१ ॥

aṣṭāvakra uvāca
vihāya vairiṇaṃ kāmamarthaṃ cānarthasaṅkulam
dharmamapyetayorhetuṃ sarvatrānādaraṃ kuru

八曲仙人說：

10.1
放下愛欲[59]，它是敵人；
放下名利，它伴隨著損害；
放下善法，它造成了前兩者。
做到於一切時處皆是超脫的。

八曲仙人云：

10.1
愛欲為敵須捨棄，
利祿必與損惱伴，
善法催生此二者；
應於處處皆超脫。

59 此頌提到了印度教傳統中人生四大目標：愛欲（kāma）、名利（artha）、善法（dharma）和解脫（mokṣā）。dharma，音譯為「達磨」，在印度教中指一個人應當履行的正當義務、責任，應遵從的正法、善行及軌則。頌中提到善法催生了前兩大目標，愛慾和名利，只有解脫才是唯一值得爭取的目標。

स्वप्नेन्द्रजालवत् पश्य दिनानि त्रीणि पञ्च वा ।
मित्रक्षेत्रधनागारदारदायादिसम्पदः ॥ १०-२ ॥

svapnendrajālavat paśya dināni trīṇi pañca vā
mitrakṣetradhanāgāradāradāyādisampadaḥ

10.2

朋友、土地、財富、房子、
妻子、饋贈等這類福報，
[將它們]看作是一場夢，或是幻術[60]，
只會持續三五天。

10.2

朋友、土地及財富，
房屋、妻子與饋贈，
視諸福報如一夢，
或似幻術所現相，
唯存數日遂復滅。

60 indrajāla，直譯為「因陀羅網」，此處採用意譯。參見前文7.5頌。

यत्र यत्र भवेत्तृष्णा संसारं विद्धि तत्र वै ।
प्रौढवैराग्यमाश्रित्य वीततृष्णः सुखी भव ॥ १०-३ ॥

yatra yatra bhavettṛṣṇā saṃsāraṃ viddhi tatra vai
prauḍhavairāgyamāśritya vītatṛṣṇaḥ sukhī bhava

10.3
要知道，哪裡有貪欲，
哪裡就有輪迴。
依止於堅定的出離，
遠離貪欲，怡然安樂。

10.3
須知貪欲所生處，
即有生死之流轉；
堅定離欲為依處，
遠諸貪愛心安樂。

तृष्णामात्रात्मको बन्धस्तन्नाशो मोक्ष उच्यते ।
भवासंसक्तिमात्रेण प्राप्तितुष्टिर्मुहुर्मुहुः ॥ १०-४ ॥

tṛṣṇāmātrātmako bandhastannāśo mokṣa ucyate
bhavāsaṃsaktimātreṇa prāptituṣṭirmuhurmuhuḥ

10.4

束縛無非就由貪欲而成，
貪欲若消除就稱為「解脫」。
只有不執著於世間，
才能證得永恆的妙樂。

10.4

束縛唯從貪欲出，
貪欲若熄名解脫；
唯於世間無所執，
方得恆常之妙樂。

त्वमेकश्चेतनः शुद्धो जडं वश्विमसत्तथा ।
अवद्यापि न कञ्चित्सा का बुभुत्सा तथापि ते ॥ १०-५॥

tvamekaścetanaḥ śuddho jaḍaṃ viśvamasattathā
avidyāpi na kiñcitsā kā bubhutsā tathāpi te

10.5
你是獨一，是純淨的覺力，
而世界是無覺知、不真實的。
無明也並非是實有的，
你還渴望知道什麼呢？

10.5
汝乃獨一淨覺力，
世界非真無知覺，
無明本虛亦非實，
是故更欲知何事？

राज्यं सुताः कलत्राणि शरीराणि सुखानि च ।
संसक्तस्यापि नष्टानि तव जन्मनि जन्मनि ॥ १०-६ ॥

rājyaṃ sutāḥ kalatrāṇi śarīrāṇi sukhāni ca
saṃsaktasyāpi naṣṭāni tava janmani janmani

10.6
王國、兒子、妻子、
身體，以及享樂，
儘管你一世又一世，
執著於它們，但這些都逝去了。

10.6
過往生生世世中，
汝嘗執著於國土、
妻兒、身體與享樂，
然彼一切皆已逝。

मर्थेन कामेन सुकृतेनापि कर्मणा ।

एभ्यः संसारकान्तारे न विश्रान्तमभून् मनः ॥ १०-७ ॥

alamarthena kāmena sukṛtenāpi karmaṇā

ebhyaḥ saṃsārakāntāre na viśrāntamabhūn manaḥ

10.7

名利、愛欲，還有善行[61]，

都已經足夠多了。

在輪迴的險惡叢林裡，

心在這些之中從未得到休息。

10.7

利祿、愛欲及善行，

此中所辦已足矣；

如是輪迴險惡林，

心逐諸欲未嘗息。

61 sukṛta，善行、善事。即是 10.1 頌中所說的「善法」（dharma），印度教的人生四大目標之一。

कृतं न कति जन्मानि कायेन मनसा गिरा ।

दुःखमायासदं कर्म तदद्याप्युपरम्यताम् ॥ १०-८ ॥

kṛtaṃ na kati janmāni kāyena manasā girā

duḥkhamāyāsadaṃ karma tadadyāpyuparamyatām

10.8

有多少生中，
你不曾以身體、語言和心意，
艱難辛苦地勞作？
所以今日就停歇下來吧。

10.8

身體、語言及意念，
汝以彼等辛勤行，
迄今已有幾多世？
今日且將此休歇！

第十一章

智慧通達

अष्टावक्र उवाच ॥

भावाभावविकारश्च स्वभावादिति निश्चयी ।

निर्विकारो गतक्लेशः सुखेनैवोपशाम्यति ॥ ११-१ ॥

aṣṭāvakra uvāca

bhāvābhāvavikāraśca svabhāvāditi niścayī

nirvikāro gatakleśaḥ sukhenaivopaśāmyati

八曲仙人說：

11.1

生滅變化是事物的本性，

如此確信之人，

不受擾動，遠離痛苦，

安安然然便獲得了寧靜。

八曲仙人云：

11.1

誠知萬物究其本，

乃是無常生復滅；

如此之人不受擾，

離苦安然獲寧靜。

ईश्वरः सर्वनिर्माता नेहान्य इति निश्चयी ।
अन्तर्गलितसर्वाशः शान्तः क्वापि न सज्जते ॥ ११-२ ॥

īśvaraḥ sarvanirmātā nehānya iti niścayī
antargalitasarvāśaḥ śāntaḥ kvāpi na sajjate

11.2

自在主創造了一切，唯有它在，
如此確信之人，
內在消退了一切期待，
變得寧靜，無論什麼情形都離於執著。

11.2

誠知造物自在主，
萬法皆空唯其存；
如此之人轉安寧，
諸欲消退離染著。

आपदः सम्पदः काले दैवादेवेति निश्चयी ।

तृप्तः स्वस्थेन्द्रियो नित्यं न वान्छति न शोचति ॥ ११-३ ॥

āpadaḥ sampadaḥ kāle daivādeveti niścayī

tṛptaḥ svasthendriyo nityaṃ na vānchati na śocati

11.3

幸與不幸皆根據天命[62]按時發生，

如此確信之人，

永遠知足，感官調柔[63]，

無有希冀和憂愁。

11.3

誠知境遇有順逆，

各有時節隨天命；

如此之人常知足，

感官調柔無冀憂。

62 daiva，意為「從神而來的」、「命運」。英譯本譯作「fate」後失去了此詞中「與神相關」的意義。中國古代譯師將之譯為「天道」、「天命」，更為準確。

63 svastha-indriya：svastha，安住，舒適，滿足；indriya，感官。所以這個詞有「感官安然而住」的意思，也就是「感官調柔」。

सुखदुःखे जन्ममृत्यू दैवादेवेति निश्चयी ।
साध्यादर्शी निरायासः कुर्वन्नपि न लिप्यते ॥ ११-४ ॥

sukhaduḥkhe janmamṛtyū daivādeveti niścayī
sādhyādarśī nirāyāsaḥ kurvannapi na lipyate

11.4

苦樂、生死皆由天命所決定，
如此確信之人，
不見一事可成，遠離造作，
雖有做為，卻沒有染著。

11.4

誠知苦樂或生死，
皆依天命而決定；
如此之人無造作，
不見一事可成辦，
雖在行中亦無染。

चिन्तया जायते दुःखं नान्यथेहेति निश्चयी ।
तया हीनः सुखी शान्तः सर्वत्र गलितस्पृहः ॥ ११-५ ॥

cintayā jāyate duḥkhaṃ nānyatheheti niścayī
tayā hīnaḥ sukhī śāntaḥ sarvatra galitaspṛhaḥ

11.5

痛苦只產生於思慮，而非別的，
如此確信之人，
就能從中擺脫出來，
在一切時處都快樂、寧靜，消退了欲望。

11.5

誠知世間苦之源，
唯是思慮而非他；
如此之人棄所執，
諸欲得息隨處寧。

नाहं देहो न मे देहो बोधोऽहमिति निश्चयी ।
कैवल्यमिव सम्प्राप्तो न स्मरत्यकृतं कृतम् ॥ ११-६ ॥

nāhaṃ deho na me deho bodho'hamiti niścayī
kaivalyamiva samprāpto na smaratyakṛtaṃ kṛtam

11.6

我不是身體，也沒有身體，
我就是覺性。如此確信之人，
就如達到了獨一究竟[64]，
不再記得做過什麼、沒做過什麼。

11.6

誠知吾乃純覺性，
吾非身體亦無身；
如此之人達究竟，
所做未做渾不記。

64 kaivalyam，單獨、獨立、獨存，指的是「脫離了其他一切關係」的狀態，也就是「究竟的狀態」。

आब्रह्मस्तम्बपर्यन्तमहमेवेति निश्चयी ।
निर्विकल्पः शुचिः शान्तः प्राप्ताप्राप्तविनिर्वृतः ॥ ११-७ ॥

ābrahmastambaparyantamahameveti niścayī
nirvikalpaḥ śuciḥ śāntaḥ prāptāprāptavinirvṛtaḥ

11.7

上至梵天，下至草葉，
只有我 [存在]。如此確信之人，
便能無分別、純淨、寧靜，
不在乎成就了什麼、沒有成就什麼。

11.7

誠知梵天至草芥，
從上及下諸一切，
唯吾獨存皆遍在；
如此之人無分別，
至純至靜忘得失。

नाश्चर्यमिदं विश्वं न किञ्चिदिति निश्चयी ।

निर्वासनः स्फूर्तिमात्रो न किञ्चिदिव शाम्यति ॥ ११-८ ॥

nāścaryamidaṃ viśvaṃ na kiñciditi niścayī

nirvāsanaḥ sphūrtimātro na kiñcidiva śāmyati

11.8

森羅萬象的奇妙宇宙原無一物，

如此確信之人，

便會無欲無求，只是照耀著[65]，

如同一切都不存在一樣，從而平靜。

11.8

誠知萬象諸森羅，

原無一物本來空；

如此之人無所求，

遍照皆空獲寧靜。

65 sphūrti mātras：sphūrti 是閃光、震動、顯現、照耀之意，mātra 為「唯是」之意，即「只是閃光」、「只是照耀」的意思。諸英譯本均對此詞進行了衍生詮釋，比如有英譯本索性將之譯為「清淨覺知」（Pure Consciousness）。

第十二章

安住自性

जनक उवाच ॥

कायकृत्यासहः पूर्वं ततो वाग्विस्तरासहः ।

अथ चिन्तासहस्तस्माद् एवमेवाहमास्थितः ॥ १२-१ ॥

janaka uvāca

kāyakṛtyāsahaḥ pūrvaṃ tato vāgvistarāsahaḥ

atha cintāsahastasmād evamevāhamāsthitaḥ

迦納卡說：

12.1

首先 [我變得] 無法容忍身體行為，

接著不能容忍過多的語言，

最後不能容忍心念。

我如是堅定安住。

迦納卡云：

12.1

初不堪忍身所作，

次不堪忍冗言詞，

復不堪忍思維心，

如是堅定吾安住。

प्रीत्यभावेन शब्दादेरदृश्यत्वेन चात्मनः ।
विक्षेपैकाग्रहृदय एवमेवाहमास्थितिः ॥ १२-२ ॥

prītyabhāvena śabdāderadṛśyatvena cātmanaḥ
vikṣepaikāgrahṛdaya evamevāhamāsthitaḥ

12.2
我對聲音等沒有任何喜好，
自性也並非是被感知的對境。
離於散亂，專注一心[66]，
我如是堅定安住。

12.2
音聲語言吾不好，
自性亦非感知境；
離於散亂心專一，
如是堅定吾安住。

66 ekāgra-hṛdaya：ekāgra，專注於一；hṛdaya，心。

समाध्यासादविक्षिप्तौ व्यवहारः समाधये ।
एवं विलोक्य नियममेवमेवाहमास्थितः ॥ १२-३ ॥

samādhyāsādivikṣiptau vyavahāraḥ samādhaye
evaṃ vilokya niyamamevamevāhamāsthitaḥ

12.3

[為了對治] 疊印[67] 等造成的散亂，
才需要採取行動達到三摩地。
明白了這一約束模式，
我如是堅定安住。

12.3

散亂若由疊印生，
方須作意入三昧；
知此約束明此理，
如是堅定吾安住。

67 samādhyāsā，字面意義為「占據在……之上」。

हेयोपादेयविरहाद् एवं हर्षविषादयोः ।
अभावादद्य हे ब्रह्मन्न् एवमेवाहमास्थितिः ॥ १२-४ ॥

heyopādeyavirahād evaṃ harṣaviṣādayoḥ
abhāvādadya he brahmann evamevāhamāsthitaḥ

12.4

沒有任何可接受或拒絕的，
沒有欣喜或憂惱。
現今，哦，梵！
我如是堅定安住。

12.4

或取或捨皆不顧，
心無歡喜亦無憂，
時至如今，噫乎！梵！
如是堅定吾安住。

आश्रमानाश्रमं ध्यानं चत्तिस्वीकृतवर्जनम् ।
विकल्पं मम वीक्ष्यैतैरेवमेवाहमास्थतिः ॥ १२-५ ॥

āśramānāśramaṃ dhyānaṃ cittasvīkṛtavarjanam
vikalpaṃ mama vīkṣyaitairevamevāhamāsthitaḥ

12.5

隱修處[68]、非隱修處，以及禪修[69]，
心念的紛亂或避免 [心念的紛亂]，
明見這些都是我的虛妄分別，
我如是堅定安住。

12.5

隱居禪修或入世，
心念紛亂或調伏，
明見此皆妄分別，
如是堅定吾安住。

68 āśrama，指隱居處、住處，也被用來指婆羅門的人生階段（四期生活）中的隱棲期。緊接之後的「非隱修處」原文為 an-āśrama，就是在 āśrama 前加了表示否定的前綴，故譯為「非隱修處」。有英譯本將此解釋為寬泛的「人生階段」，結合下文來看，似有謬誤。

69 dhyāna，靜慮，思惟，冥想，禪修，古代譯師們也音譯為「禪那」。

कर्मानुष्ठानमज्ञानाद् यथैवोपरमस्तथा ।
बुध्वा सम्यगिदं तत्त्वमेवमेवाहमास्थितिः ॥ १२-६ ॥

karmānuṣṭhānamajñānād yathaivoparamastathā
budhvā samyagidaṃ tattvamevamevāhamāsthitaḥ

12.6
採取行動是出於無明，
正如斷除行動也是 [出於無明] 一樣。
徹底覺悟到這個真諦，
我如是堅定安住。

12.6
所作皆妄乃無明，
棄諸所作亦復是；
洞悉此諦明此理，
如是堅定吾安住。

अचिन्त्यं चिन्त्यमानोऽपि चिन्तारूपं भजत्यसौ ।
त्यक्त्वा तद्भावनं तस्माद् एवमेवाहमास्थितिः ॥ १२-७ ॥

acintyaṃ cintyamāno'pi cintārūpaṃ bhajatyasau
tyaktvā tadbhāvanaṃ tasmād evamevāhamāsthitaḥ

12.7

思議那不可思議，
只是落入了另一種念頭的形式。
因此，放棄那種觀修[70]，
我如是堅定安住。

12.7

不可思議若思之，
即落思議墮於念；
由此應捨彼觀修，
如是堅定吾安住。

70 bhāvanā，詞根 bhava 是「形成」之意。bhāvanā 一詞指的是藉由觀想、想像、修習而形成觀念、信仰等，即「靜慮」、「冥想」。古代譯師將之譯為「修習」、「觀」、「正修」、「修道」等。

एवमेव कृतं येन स कृतार्थो भवेदसौ ।
एवमेव स्वभावो यः स कृतार्थो भवेदसौ ॥ १२-८ ॥

evameva kṛtaṃ yena sa kṛtārtho bhavedasau
evameva svabhāvo yaḥ sa kṛtārtho bhavedasau

12.8
如是，如是！
成就圓滿而當辦已辦。
如是，如是！
出於本性而當辦已辦。

12.8
善哉達道成就者，
已滿人生之目標；
善哉本來如是者，
應作之事皆已辦。

第十三章

怡然安樂

जनक उवाच ॥

अकिञ्चनभवं स्वास्थं कौपीनत्वेऽपि दुर्लभम् ।

त्यागादाने विहायास्मादहमासे यथासुखम् ॥ १३-१ ॥

janaka uvāca

akiñcanabhavaṃ svāsthaṃ kaupīnatve'pi durlabham

tyāgādāne vihāyāsmādahamāse yathāsukham

迦納卡說：

13.1

自足於一切空無所有，

就算在只穿一條兜襠布的人中，也罕少能有。

因此，放下了執取與棄捨，

我怡然安樂地活著。

迦納卡云：

13.1

空無所有得自在，

著褌者[71]中亦稀有；

是故取捨吾俱離，

怡然度日心安樂。

71 褌，即兜襠布。印度有些苦修者渾身上下只穿一條兜襠布，表示徹底的棄世。

कुत्रापि खेदः कायस्य जिह्वा कुत्रापि खेद्यते ।

मनः कुत्रापि तत्त्यक्त्वा पुरुषार्थे स्थितः सुखम् ॥ १३-२ ॥

kutrāpi khedaḥ kāyasya jihvā kutrāpi khedyate

manaḥ kutrāpi tattyaktvā puruṣārthe sthitaḥ sukham

13.2

有時或因身體而感到疲勞，

舌頭有時會疲憊，

心意有時會倦怠。放下這些，

我安住於生命目的地[72]，怡然安樂。

13.2

身、舌、心意此三者，

總有疲倦惱亂處，

棄之而達究竟地，

怡然安住得喜樂。

72 puruṣārtha，人類的目的，生存的目的。

कृतं किमपि नैव स्याद् इति सञ्चिन्त्य तत्त्वतः ।
यदा यत्कर्तुमायाति तत् कृत्वासे यथासुखम् ॥ १३-३ ॥

kṛtaṃ kimapi naiva syād iti sañcintya tattvataḥ
yadā yatkartumāyāti tat kṛtvāse yathāsukham

13.3
實際上沒有一事被做，
如此思惟真實義諦。
當該做的事情出現時，
就做什麼，怡然安樂地活著。

13.3
實無一事可得辦，
如是思惟真實諦；
事來之時則為之，
如是任運得安樂。

कर्मनैष्कर्म्यनर्बिन्धभावा देहस्थयोगिनः ।
संयोगायोगविरहादहमासे यथासुखम् ॥ १३-४ ॥

karmanaiṣkarmyanirbandhabhāvā dehasthayoginaḥ
saṃyogāyogavirahādahamāse yathāsukham

13.4
住在身體上的瑜伽士，
固執於行動或不行動。
放下得相應或不得相應［的虛妄分別］，
我怡然安樂地活著。

13.4
執著色身瑜伽士，
持守當為不當為；
如理非理吾俱離，
怡然度日心安樂。

अर्थानर्थौ न मे स्थित्या गत्या न शयनेन वा ।
तिष्ठन् गच्छन् स्वपन् तस्मादहमासे यथासुखम् ॥ १३-५॥

arthānarthau na me sthityā gatyā na śayanena vā
tiṣṭhan gacchan svapan tasmādahamāse yathāsukham

13.5

住立、行走或睡眠，
對我來說，沒有益處也無損害。
所以，無論是住立、行走或睡眠，
我都怡然安樂地活著。

13.5

行走、住立或睡臥，
於吾無益無損害；
是故但凡行住臥，
吾皆怡然心安樂。

स्वपतो नास्ति मे हानिः सिद्धिर्यत्नवतो न वा ।
नाशोल्लासौ विहायास्मदहमासे यथासुखम् ॥ १३-६ ॥

svapato nāsti me hāniḥ siddhiryatnavato na vā
nāśollāsau vihāyāsmadahamāse yathāsukham

13.6
睡著時，我沒有失去什麼；
努力了，我也沒成就什麼。
放下了減損和增益[73]，
我怡然安樂地活著。

13.6
寐時吾本無所失，
勤力吾亦無所得；
增損不取吾俱離，
怡然度日心安樂。

73 nāśollāsa：nāśa，損失，消除，毀滅；ullāsa，增加，成長，歡喜。

सुखादिरूपा नियमं भावेष्वालोक्य भूरिशः ।
शुभाशुभे वहिायास्मादहमासे यथासुखम् ॥ १३-७ ॥

sukhādirūpā niyamaṃ bhāveṣvālokya bhūriśaḥ
śubhāśubhe vihāyāsmādahamāse yathāsukham

13.7

一再觀察不同情況下，
歡樂等境界帶來的約束，
放下了善惡美醜，
我怡然安樂地活著。

13.7

一再觀察諸事勢，
苦樂等境本是縛；
善惡不取吾俱離，
怡然度日心安樂。

第十四章

寂靜一如

जनक उवाच ॥

प्रकृत्या शून्यचित्तो यः प्रमादाद् भावभावनः ।

नद्रितो बोधति इव क्षीणसंस्मरणो हिसः ॥ १४-१ ॥

janaka uvāca

prakṛtyā śūnyacitto yaḥ pramādād bhāvabhāvanaḥ

nidrito bodhita iva kṣīṇasaṃsmaraṇo hi saḥ

迦納卡說：

14.1

他的心本來就是空的，

觀物知境皆出於任運[74]，

[對他來說，] 醒睡一如，

[輪迴的] 記憶已經耗盡。

迦納卡云：

14.1

斯人之心本空寂，

觀物知境皆任運；

醒睡一如過一生，

輪迴記憶已耗盡。

74 pramāda，酒醉、發瘋、放縱。在這裡指不加控制、沒有思維介入的自發任運。

क्व धनानि क्व मित्राणि क्व मे विषयदस्यवः ।
क्व शास्त्रं क्व च विज्ञानं यदा मे गलिता स्पृहा ॥ १४-२ ॥

kva dhanāni kva mitrāṇi kva me viṣayadasyavaḥ
kva śāstraṃ kva ca vijñānaṃ yadā me galitā spṛhā

14.2
當我的欲望消退之後，
財富在哪裡？朋友在哪裡？
感官對境之賊在哪裡？
經論在哪裡？知識[75]在哪裡呢？

14.2
欲望消退殆盡矣，
財富、朋友復何在？
欲境之賊復何在？
經論、學識又何在？

75 vijñāna，佛教唯識派將之譯為「識」，認為其是受染汙的覺知，低於 jñāna（智）。但在印度教中，vijñāna 不具貶義，甚至因為 vi- 這一表示「分開」、「辨別」的前綴，比 jñāna（智）更具有「明辨」力，故而可以理解為是究竟智慧、明辨之智、真知，《八曲仙人之歌》後文中此詞出現多次，皆是此義，並且用 vijña 來稱呼「智者」。但在此處，根據語境，應理解為偏世俗含義的「知識」。

वज्ञिाते साक्षिपुरुषे परमात्मनि चेश्वरे ।
नैराश्ये बन्धमोक्षे च न चिन्ता मुक्तये मम ॥ १४-३ ॥

vijñāte sākṣipuruṣe paramātmani ceśvare
nairāśye bandhamokṣe ca na cintā muktaye mama

14.3

我已經認識到了原初遍在的見證者，
這就是究竟自性，是自在主。
我對束縛和解脫都無欲求[76]，
[我] 不考慮自己的解脫。

14.3

究竟自性吾已悟，
此即怙主、見證者；
束縛解脫皆無執，
是否得脫吾不慮。

76 nairāśya，參見 3.12 頌註解。

अन्तर्विकल्पशून्यस्य बहिः स्वच्छन्दचारिणः ।
भ्रान्तस्येव दशास्तास्तास्तादृशा एव जानते ॥ १४-४ ॥

antarvikalpaśūnyasya bahiḥ svacchandacāriṇaḥ
bhrāntasyeva daśāstāstāstādṛśā eva jānate

14.4

於內在，分別妄念消失一空，
在外在，如同愚夫般隨意而行，
如此之人的各種境緣，
只有與他一樣的人才能瞭解。

14.4

於內心空無分別，
於外任運狂夫行，
如此之人何境緣，
與之同者方能識。

第十五章

自性真知

अष्टावक्र उवाच ॥

यथातथोपदेशेन कृतार्थः सत्त्वबुद्धिमान् ।

आजीवमपि जिज्ञासुः परस्तत्र विमुह्यति ॥ १५-१ ॥

aṣṭāvakra uvāca

yathātathopadeśena kṛtārthaḥ sattvabuddhimān

ājīvamapi jijñāsuḥ parastatra vimuhyati

八曲仙人說：

15.1

心智純淨之人無論怎樣 [聽聞到] 教導，

都能達至圓滿[77]。

而其他人探究一生，

卻依舊迷惑。

八曲仙人云：

15.1

心智純者偶聞道，

便能達道臻圓滿；

他人縱使覓一生，

輾轉追尋依舊迷。

77 kṛtārtha，指「所願已獲，所作已辦」，引申為「圓滿」之意。

मोक्षो वषियवैरस्यं बन्धो वैषयिको रसः ।
एतावदेव वज्ञिानं यथेच्छसि तथा कुरु ॥ १५-२ ॥

mokṣo viṣayavairasyaṃ bandho vaiṣayiko rasaḥ
etāvadeva vijñānaṃ yathecchasi tathā kuru

15.2

厭離感官對境即是解脫，
貪愛感官對境則是束縛。
這便是至理真知[78]，
如今你可以隨性而為。

15.2

厭離對境即解脫，
於境生貪則為縛；
此乃是至理真知，
汝今可隨性而為。

78 vijñāna，詳見 14.2 頌的註解。

वाग्मिप्राज्ञामहोद्योगं जनं मूकजडालसम् ।
करोति तत्त्वबोधोऽयमतस्त्यक्तो बुभुक्षभिः ॥ १५-३ ॥

vāgmiprājñāmahodyogaṃ janaṃ mūkajaḍālasam
karoti tattvabodho'yamatastyakto bubhukṣabhiḥ

15.3
這種對真理的瞭解，
讓一個雄辯、聰慧、勤勉的人，
變得沉默、癡鈍和懶散。
因此，貪圖享樂之人捨棄了 [真理]。

15.3
雄辯聰慧勤勉者，
一旦如理悟真諦，
復轉默鈍人懈怠；
故貪樂者避真知。

न त्वं देहो न ते देहो भोक्ता कर्ता न वा भवान् ।
चिद्रूपोऽसि सदा साक्षी निरपेक्षः सुखं चर ॥ १५-४ ॥

na tvaṃ deho na te deho bhoktā kartā na vā bhavān
cidrūpo'si sadā sākṣī nirapekṣaḥ sukhaṃ cara

15.4

你不是身體，也沒有身體，
你不是做者，也不是享受者。
你是永恆的覺性，是無有相待的見證者，
安樂逍遙[79]吧！

15.4

汝非身體亦無身，
汝非做者、非受者；
汝乃覺性恆遍照，
如是逍遙心安樂。

79 cara，移動、行走、徘徊、流浪、遊歷。此處恰恰符合中文「逍遙」的本義及其衍生含義。

रागद्वेषौ मनोधर्मौ न मनस्ते कदाचन ।
निर्विकल्पोऽसि बोधात्मा निर्विकारः सुखं चर ॥ १५-५ ॥

rāgadveṣau manodharmau na manaste kadācana
nirvikalpo'si bodhātmā nirvikāraḥ sukhaṃ cara

15.5

愛染[80]和憎恨都是心意的特質，
但心意從來都不是你的。
你是無有分別的，是覺性本身，不變易。
安樂逍遙吧！

15.5

愛染嗔恨心意攝，
心意從來非屬汝；
汝乃覺性無分別，
不變恆常樂逍遙。

80 rāga，染色，色彩，情感，愛。後文中也譯作「貪染」。

सर्वभूतेषु चात्मानं सर्वभूतानि चात्मनि।

विज्ञाय निरहङ्कारो निर्ममस्त्वं सुखी भव ॥ १५-६ ॥

sarvabhūteṣu cātmānaṃ sarvabhūtāni cātmani

vijñāya nirahaṅkāro nirmamastvaṃ sukhī bhava

15.6

自性就在一切萬物眾生中，

一切萬物眾生都在自性裡，

如是了悟，無「我」，也無「我的」，

你就會怡然安樂。

15.6

識得性在萬法中，

萬法亦在自性中；

「我」及「我所」俱捨棄，

如是汝即得安樂。

विश्वं स्फुरति यत्रेदं तरङ्गा इव सागरे ।
तत्त्वमेव न सन्देहश्चिन्मूर्ते विज्वरो भव ॥ १५-७ ॥

viśvaṃ sphurati yatredaṃ taraṅgā iva sāgare
tattvameva na sandehaścinmūrte vijvaro bhava

15.7
宇宙顯現於 [自性] 之中，
如同波濤 [生起] 於海上。
你確實就是「那個」，毫無疑問，
[你] 就是覺性，從狂熱中解脫出來吧。

15.7
大千世界性中顯，
恰如海面波濤生；
汝即是「那」無有疑，
汝即淨覺狂心歇。

श्रद्धस्व तात श्रद्धस्व नात्र मोऽहं कुरुष्व भोः ।
ज्ञानस्वरूपो भगवानात्मा त्वं प्रकृतेः परः ॥ १५-८ ॥

śraddhasva tāta śraddhasva nātra mo'haṃ kuruṣva bhoḥ
jñānasvarūpo bhagavānātmā tvaṃ prakṛteḥ paraḥ

15.8

要有信心，我兒啊，要有信心！
不要對此迷惑。
你是智慧本性[81]，你是薄伽梵，
你是自性，超越了世間[82]。

15.8

具信！吾兒，須具信！
於此不惑切勿疑！
汝即本覺、薄伽梵，
汝即自性超世間。

81 jñāna-svarūpas：jñāna 是「智慧」，「妙智」之意；sva 指「自己」，svarūpas 是「本性」之意。

82 prakṛti，詳見 2.1 頌註解。此處取其通俗含義，譯成「世間」。

गुणैः संवेष्टतिो देहस्तष्ठित्यायातयातचि ।
आत्मा न गन्ता नागन्ता कमिनमनुशोचसि ॥ १५-९ ॥

guṇaiḥ saṃveṣṭito dehastiṣṭhatyāyāti yāti ca
ātmā na gantā nāgantā kimenamanuśocasi

15.9

三德[83]所包裹的身體，
有生成、住留和滅亡[84]。
自性不去也不來，
你為什麼要為此悲歎呢？

15.9

三德所成之身體，
有生有住亦有滅；
自性無來亦無去，
汝何對身空悲歎？

---

83 guna，三德，包括薩埵（sattva）、羅闍（rajas）、多磨（tamas）。印度教認為三德是一切事物的三種基本屬性，是世界多樣性及其運動變化的決定因素。薩埵，即「明」，明覺；多磨，即「暗」，無明；羅闍，即「動」，明覺與無明的混合。

84 此處對應的三個梵文詞為 tiṣṭhati，āyāti 和 yāti，直譯的意思分別是「住留」、「抵達」和「去往」，但為了隨順中文的習慣，將第一和第二個詞調整了順序，並將此三詞意譯為「生成」、「住留」和「滅亡」。這裡所說的意思和佛經中的常用說法「生、住、滅」是一致的。

देहस्तिष्ठतु कल्पान्तं गच्छत्वद्यैव वा पुनः ।
क्व वृद्धिः क्व च वा हानिस्तव चिन्मात्ररूपिणः ॥ १५-१० ॥

dehastiṣṭhatu kalpāntaṃ gacchatvadyaiva vā punaḥ
kva vṛddhiḥ kva ca vā hānistava cinmātrarūpiṇaḥ

15.10
讓身體延續到劫末，
或者在今天就滅亡，
你會有所增加，有所減損嗎？
你本就只是覺性。

15.10
假令有身至劫末，
或令身亡在今日，
汝將有所損益乎？
汝本唯是純覺性。

त्वय्यनन्तमहाम्भोधौ वश्विवीचिः स्वभावतः ।
उदेतु वास्तमायातु न ते वृद्धरि्न वा क्षतिः ॥ १५-११ ॥

tvayyanantamahāmbhodhau viśvavīciḥ svabhāvataḥ
udetu vāstamāyātu na te vṛddhirna vā kṣatiḥ

15.11

你是無垠的大海，在你之內，
就讓宇宙波浪自行生成吧！
任由它起起伏伏，
你沒有增益，也沒有損失。

15.11

汝即無垠滄溟海，
宇宙之波海中生；
任起任滅隨它去，
汝無增損無得失。

तात चिन्मात्ररूपोऽसि न ते भिन्नमिदं जगत् ।
अतः कस्य कथं कुत्र हेयोपादेयकल्पना ॥ १५-१२ ॥

tāta cinmātrarūpo'si na te bhinnamidaṃ jagat
ataḥ kasya kathaṃ kutra heyopādeyakalpanā

15.12

我的孩子！你本就只是覺性，
這個世界與你無異。
所以，是誰會有取捨的妄分別呢？
如何會有？又在哪裡呢？

15.12

吾兒！汝即純覺性！
此世間與汝無別；
是故誰有取捨念？
從何有之？何處生？

एकस्मिन्नव्यये शान्ते चदिाकाशेऽमले त्वयि।
कुतो जन्म कुतो कर्म कुतोऽहङ्कार एव च ॥ १५-१३ ॥

ekasminnavyaye śānte cidākāśe'male tvayi
kuto janma kuto karma kuto'haṅkāra eva ca

15.13

你獨一、不滅、寂靜，
你是無垢的能覺虛空[85]，
於你之中，出生和行動從哪裡來？
自我又從哪裡來呢？

15.13

獨一不滅常寂靜，
汝乃至純覺虛空；
受生、業行及我執，
從汝之中何處來？

85 cidākāśa，由 cid（「能知」、「能覺」）和 ākāśa（「虛空」）構成，指「能覺能知的虛空」，也就是覺性。

यत्त्वं पश्यसि तत्रैकस्त्वमेव प्रतिभाससे ।
किं पृथक् भासते स्वर्णात् कटकाङ्गदनूपुरम् ॥ १५-१४ ॥

yattvaṃ paśyasi tatraikastvameva pratibhāsase
kiṃ pṛthak bhāsate svarṇāt kaṭakāṅgadanūpuram

15.14

無論你見到的是什麼，
都只是你在顯現。
手鏈、臂鐲和踝飾，
與金子有何區別？

15.14

無論所見是何物，
皆汝所現唯是汝；
手環、臂釧及腳鐲，
與金何別何不同？

अयं सोऽहमयं नाहं वभिागमतिि सन्त्यज ।

सर्वमात्मेतनिश्चित्य नःिसङ्कल्पः सुखी भव ॥ १५-१५॥

ayaṃ so'hamayaṃ nāhaṃ vibhāgamiti santyaja

sarvamātmeti niścitya niḥsaṅkalpaḥ sukhī bhava

15.15

「我就是那個，而我不是這個」[86]，

徹底放下這種分別。

決斷一切，皆是自性，

無有見解[87]，怡然安樂。

15.15

「吾乃是彼而非此」，

放下此諸分別見，

唯決一切皆自性，

無有諸見心安樂。

86 那個：指究竟的自性；這個：指身體、世界、宇宙。

87 niḥsaṅkalpa：niḥ-，無有；saṅkalpa，概念、見解。saṅkalpa 在下文 15.19 和 18.14 中也有出現。

तवैवाज्ञानतो विश्वं त्वमेकः परमार्थतः ।
त्वत्तोऽन्यो नास्ति संसारी नासंसारी च कश्चन ॥ १५-१६ ॥

tavaivājñānato viśvaṃ tvamekaḥ paramārthataḥ
tvatto'nyo nāsti saṃsārī nāsaṃsārī ca kaścana

15.16

宇宙僅僅是因你的無明而存在，
實際上你是「一」。
除了你之外，沒有任何人在輪迴，
也沒有任何人超越輪迴。

15.16

宇宙萬象得顯現，
唯因汝之無明故；
於真實中汝唯一，
輪涅諸眾悉是汝。

भ्रान्तिमात्रमिदं विश्वं न किञ्चिदिति निश्चयी ।

निर्वासनः स्फूर्तिमात्रो न किञ्चिदिव शाम्यति ॥ १५-१७ ॥

bhrāntimātramidaṃ viśvaṃ na kiñciditi niścayī

nirvāsanaḥ sphūrtimātro na kiñcidiva śāmyati

15.17

宇宙只是妄想，無實體，

如此確信之人，

便會無欲無求，唯是照耀，

如同一切都不存在一樣，從而平靜。[88]

15.17

誠知萬象皆是幻，

原無一物本來空；

如此之人無所求，

遍照皆空獲寧靜。

88 此頌除去第一句前半句外，與 11.8 頌的梵文原文完全相同。

एक एव भवाम्भोधावासीदस्ति भविष्यति।
न ते बन्धोऽस्ति मोक्षो वा कृत्यकृत्यः सुखं चर ॥ १५-१८ ॥

eka eva bhavāmbhodhāvāsīdasti bhaviṣyati
na te bandho'sti mokṣo vā kṛtakṛtyaḥ sukhaṃ cara

15.18

過去，現在和未來，
在世界之海中，都只有「一」在。
你既沒有束縛，也沒有解脫，
該做的已做[89]，安樂逍遙吧。

15.18

過、現、未來三時中，
萬象之海唯「一」存；
汝無束縛亦無脫，
當辦已辦樂逍遙。

89 kṛtyakṛtyaḥ：kṛtya，要做的；kṛtyaḥ，已做。所以直譯就是「要做的已做」。

मा सङ्कल्पविकल्पाभ्यां चित्तं क्षोभय चिन्मय ।
उपशाम्य सुखं तिष्ठ स्वात्मन्यानन्दविग्रहे ॥ १५-१९ ॥

mā saṅkalpavikalpābhyāṃ cittaṃ kṣobhaya cinmaya
upaśāmya sukhaṃ tiṣṭha svātmanyānandavigrahe

15.19

不要用定解[90]或猜測來攪動內心，
唯是覺性！
靜下來，安樂地住於自性中，
那本來就是大樂。

15.19

定解、揣度皆無擾，
唯是覺性心無動，
寧然安樂住自性，
汝性本來是極喜。

90 saṅkalpa，此處特指確定不變的見地、見解。

त्यजैव ध्यानं सर्वत्र मा किञ्चिद् हृदि धारय ।
आत्मा त्वं मुक्त एवासि किं विमृश्य करिष्यसि ॥ १५-२० ॥

tyajaiva dhyānaṃ sarvatra mā kiñcid hṛdi dhāraya
ātmā tvaṃ mukta evāsi kiṃ vimṛśya kariṣyasi

15.20
放棄所有，甚至徹底放棄禪修，
心中不執持任何東西。
你真的就是自性，確實是解脫的，
思慮考量又能做什麼呢？

15.20
棄諸一切捨禪修，
此心一物亦不住；
汝乃自性本解脫，
思慮考量能何為？

第十六章

特別指導

अष्टावक्र उवाच ॥

आचक्ष्व शृणु वा तात नानाशास्त्राण्यनेकशः ।

तथापि न तव स्वास्थ्यं सर्वविस्मरणाद् ऋते ॥ १६-१ ॥

aṣṭāvakra uvāca

ācakṣva śaṛṇu vā tāta nānāśāstrāṇyanekaśaḥ

tathāpi na tava svāsthyaṃ sarvavismaraṇād ṛte

八曲仙人說：

16.1

我的孩子！有各式各樣的經文，

你可以多次談論或聽聞。

然而除非全忘了，

否則你無法安住自性[91]。

八曲仙人云：

16.1

吾兒！經文不勝數，

汝且常聞常引述；

然而除非盡忘卻，

安住自性汝不能。

91 svāsthyaṃ，由 svastha 而來。svastha：sva，自己；stha，安住。svastha 指安住於自己，也指身心健康，不受煩惱侵擾，無病、安穩。此處譯為「安住自性」，但在本文中其他地方，描繪了悟自性者的圓滿狀態時，往往譯為「泰然安住」。參見 17.11 頌注釋。

भोगं कर्म समाधिं वा कुरु विज्ञ तथापि ते ।
चित्तं निरस्तसर्वाशमत्यर्थं रोचयिष्यति ॥ १६-२ ॥

bhogaṃ karma samādhiṃ vā kuru vijña tathāpi te
cittaṃ nirastasarvāśamatyarthaṃ rocayiṣyati

16.2

享樂、行動或修三摩地，
哦，智者！你可以做 [這些]，
但你的心依然會渴望——
超越了對境的 [「那個」][92]，一切欲望都熄滅了。

16.2

享樂、行事或入定，
智者！汝悉皆可為；
然君之心猶思「那」，
彼超一切諸塵境，
貪欲於中熄滅盡。

92 aty-artha：aty-，極其、超過；artha，利益、目的、事物，利益，也被譯為「外境」、「外塵」、「欲求」。

आयासात्सकलो दुःखी नैनं जानाति कश्चन ।
अनेनैवोपदेशेन धन्यः प्राप्नोति निर्वृतिम् ॥ १६-३ ॥

āyāsātsakalo duḥkhī nainaṃ jānāti kaścana
anenaivopadeśena dhanyaḥ prāpnoti nirvṛtim

16.3
眾生皆苦，因為都在努力，
但是沒人明白這一點。
有福之人只靠這個教導，
就達至了涅槃。

16.3
因勤作故眾皆苦，
然此苦因無人知；
福人但得此教言，
即獲解脫涅槃矣。

व्यापारे खिद्यते यस्तु निमेषोन्मेषयोरपि।
तस्यालस्य धुरीणस्य सुखं नन्यस्य कस्यचित् ॥ १६-४ ॥

vyāpāre khidyate yastu nimeṣonmeṣayorapi
tasyālasya dhurīṇasya sukhaṃ nanyasya kasyacit

16.4
快樂不屬於其他任何人，
只屬於大懶人。
他連睜眼閉眼，
都覺得是受苦。

16.4
安樂不屬諸餘人，
唯大懶者而得之；
斯人怠於諸種行，
瞬目揚眉亦嫌苦。

इदं कृतमिदं नेति द्वन्द्वैर्मुक्तं यदा मनः ।
धर्मार्थकाममोक्षेषु निरपेक्षं तदा भवेत् ॥ १६-५॥

idaṃ kṛtamidaṃ neti dvandvairmuktaṃ yadā manaḥ
dharmārthakāmamokṣeṣu nirapekṣaṃ tadā bhavet

16.5
「這已完成」、「那還沒完成」，
當心從這種對立中解脫出來時，
就對善法、名利、愛欲和解脫，
都不再關心或追求[93]了。

16.5
已辨、未辨，兩相對，
心若從此二中離，
善法、利祿或愛欲，
及解脫亦無求矣。

93 此處「不關心和追求」是對原文 nirapekṣa 一詞的詮釋。此詞含義豐富，有「對……不再關心」、「無有相待」、「不求」、「無顧戀」等意思。參見 1.17 頌註解。

वरिक्‌तो वषियद्‌वेष्‌टा रागी वषियलोलुपः ।

ग्‌रहमोक्‌षवहिीनस्‌तु न वरिक्‌तो न रागवान्‌ ॥ १६-६ ॥

virakto viṣayadveṣṭā rāgī viṣayalolupaḥ

grahamokṣavihīnastu na virakto na rāgavān

16.6

厭惡感官對境的人是出離的，

貪愛感官對境的人是染著的。

但不取捨之人，

既不出離也不染著。

16.6

厭於對境即出離，

於境生愛則貪迷；

然若取捨二俱無，

既不出離亦無貪。

हेयोपादेयता तावत्संसारविटपाङ्कुरः ।
स्पृहा जीवति यावद् वै निर्विचारदशास्पदम् ॥ १६-७ ॥

heyopādeyatā tāvatsaṃsāraviṭapāṅkuraḥ
spṛhā jīvati yāvad vai nirvicāradaśāspadam

16.7

欲求是缺乏明辨的溫床。
只要還有欲求，
就定然會有好樂或厭惡，
這是輪迴的枝和芽。

16.7

有所求則喪明辨，
必生貪愛及厭憎，
如是好惡心不絕，
即是輪迴之枝芽。

प्रवृत्तौ जायते रागो निर्वृत्तौ द्वेष एव हि।
निर्द्वन्द्वो बालवद् धीमान् एवमेव व्यवस्थितिः ॥ १६-८ ॥

pravṛttau jāyate rāgo nirvṛttau dveṣa eva hi
nirdvandvo bālavad dhīmān evameva vyavasthitaḥ

16.8
有所作為導致貪著，
斷除行為導致厭離。
智者像幼童那樣不被二元法束縛，
確實如此安住。

16.8
有所作為生執著，
斷除行為起厭離；
智者不為二法縛，
如童子般如是住。

हातुमिच्छति संसारं रागी दुःखजिहासया ।
वीतरागो हि निर्दुःखस्तस्मिन्नपि न खिद्यति ॥ १६-९ ॥

hātumicchati saṃsāraṃ rāgī duḥkhajihāsayā
vītarāgo hi nirduḥkhastasminnapi na khidyati

16.9

貪染之人為了免除悲苦，
想要捨棄 [輪迴]。
但遠離貪染的人，無有悲苦，
即使在世間也不感到受苦。

16.9

貪染之人尋出離，
為免世間一切苦；
離貪染者無諸苦，
雖處於世亦無惱。

यस्याभिमानो मोक्षेऽपि देहेऽपि ममता तथा ।
न च ज्ञानी न वा योगी केवलं दुःखभागसौ ॥ १६-१० ॥

yasyābhimāno mokṣe'pi dehe'pi mamatā tathā
na ca jñānī na vā yogī kevalaṃ duḥkhabhāgasau

16.10
若人自認為是解脫的，
卻還對身體存有我執，
那他不是智者，也非瑜伽士，
他僅僅是受苦之人。

16.10
若人自認得解脫，
卻視身體為己有，
彼非智者、瑜伽士，
僅是區區受苦人。

हरो यद्युपदेष्टा ते हरिः कमलजोऽपि वा ।
तथापि न तव स्वाथ्यं सर्ववस्मिरणादृते ॥ १६-११ ॥

haro yadyupadeṣṭā te hariḥ kamalajo'pi vā
tathāpi na tava svāthyaṃ sarvavismaraṇādṛte

16.11

就算訶羅、訶利[94]，
或蓮生 [的梵天][95] 來教導你，
然而除非全忘了，
否則你無法安住自性。

16.11

縱使訶羅及訶利，
蓮中所生之梵天，
為汝說法作汝師；
然而除非盡忘卻，
安住自性汝不能。

94 Hara，音譯「訶羅」，破壞者，是濕婆的名稱之一。Hari， 音譯「訶利」，是毗濕奴的名稱之一。

95 kamalajo：kamala，蓮花；-jo，出生。此是梵天的別號之一，因為傳說中梵天（Brahma）從一朵蓮花中出生。

第十七章

確悟之人

अष्टावक्र उवाच ॥

तेन ज्ञानफलं प्राप्तं योगाभ्यासफलं तथा ।
तृप्तः स्वच्छेन्द्रियो नित्यमेकाकी रमते तु यः ॥ १७-१ ॥

aṣṭāvakra uvāca

tena jñānaphalaṃ prāptaṃ yogābhyāsaphalaṃ tathā
tṛptaḥ svacchendriyo nityamekākī ramate tu yaḥ

八曲仙人說：

17.1

若人收獲了智慧的果實
以及瑜伽修習的果實，
他是滿足的，感官清淨，
總是樂於獨處。

八曲仙人云：

17.1

若人得獲智慧果，
又獲瑜伽修習果，
斯人心常得滿足，
感官清淨樂獨處。

न कदाचिज्जगत्यस्मिन् तत्त्वज्ञो हन्त खिद्यति।
यत एकेन तेनेदं पूर्णं ब्रह्माण्डमण्डलम् ॥ १७-२ ॥

na kadācijjagatyasmin tattvajño hanta khidyati
yata ekena tenedaṃ pūrṇaṃ brahmāṇḍamaṇḍalam

17.2

哦！在此世間，
了知真理的人從不感到受苦，
因為這整個世界，
只是被他自己所充滿。

17.2

究竟真諦人若明，
雖處世間不覺苦，
只因世界盡十方，
唯彼充盈滿天地。

न जातु विषयाः केऽपि स्वारामं हर्षयन्त्यमी ।
सल्लकीपल्लवप्रीतमिवेभं निम्बपल्लवाः ॥ १७-३ ॥

na jātu viṣayāḥ ke'pi svārāmaṃ harṣayantyamī
sallakīpallavaprītamivebhaṃ nimbapallavāḥ

17.3

感官對境從來無法取悅，
自足自安[96]之人。
正如大象不喜歡苦楝樹葉，
而喜歡乳香樹葉。

17.3

欲境未嘗能取悅，
自足自喜安樂者；
如象不喜苦楝葉，
唯好乳香樹之葉。

96 svārāma：sva，自己；ā-rāma，喜悅的，安樂的，滿足的。

यस्तु भोगेषु भुक्तेषु न भवत्यधिवासितः ।
अभुक्तेषु निराकाङ्क्षी तदृशो भवदुर्लभः ॥ १७-४ ॥

yastu bhogeṣu bhukteṣu na bhavatyadhivāsitaḥ
abhukteṣu nirākāṅkṣī tadṛśo bhavadurlabhaḥ

17.4
福祿資財若已經享受過，
就不留印象，
未得到的享受也不企盼，
如此之人世間罕有。

17.4
悅意樂事若已享，
但忘無執不留痕，
未得之樂亦不求，
如此之人世稀有。

बुभुक्षुरिह संसारे मुमुक्षुरपि दृश्यते ।
भोगमोक्षनिराकाङ्क्षी विरलो हि महाशयः ॥ १७-५ ॥

bubhukṣuriha saṃsāre mumukṣurapi dṛśyate
bhogamokṣanirākāṅkṣī viralo hi mahāśayaḥ

17.5
世上有渴望享受的人
也有渴望解脫的人。
既不渴望享受也不渴望解脫，
這樣的聖雄非常罕見。

17.5
世有貪圖享樂者，
亦有慕求解脫人；
不思享樂不求脫，
如此聖雄世稀有。

धर्मार्थकाममोक्षेषु जीवति मरणे तथा ।

कस्याप्युदारचित्तस्य हेयोपादेयता न हि ॥ १७-६ ॥

dharmārthakāmamokṣeṣu jīvite maraṇe tathā

kasyāpyudāracittasya heyopādeyatā na hi

17.6

善法、名利、愛欲和解脫，

以及生存與死亡，

罕有廣大心量之人，

既不貪著也不回避。

17.6

善法、利、欲及解脫，

於此諸法及生死，

罕有心量廣大者，

不作取捨無貪嫌。

वाञ्छा न वश्िववलिये न द्वेषस्तस्य च स्थतिौ ।

यथा जीवकिया तस्माद् धन्य आस्ते यथा सुखम् ॥ १७-७ ॥

vāñchā na viśvavilaye na dveṣastasya ca sthitau

yathā jīvikayā tasmād dhanya āste yathā sukham

17.7

既不渴望宇宙消亡，

也不厭惡其存在，

如此有福之人，無論以何方式生活，

都怡然安樂地活著。

17.7

不求萬象消亡盡，

亦不厭嫌其存在；

如此福人隨緣過，

怡然度日心安樂。

कृतार्थोऽनेन ज्ञानेनेत्येवं गलतिधीः कृती ।
पश्यन् शृण्वन् स्पृशन् जिघ्रन्न् अश्नन्नास्ते यथा सुखम् ॥ १७-८ ॥

kṛtārtho'nena jñānenetyevaṃ galitadhīḥ kṛtī
paśyan śaṛṇvan spṛśan jighrann aśnannāste yathā sukham

17.8
由此真知而圓滿之人，
思慧抉擇消逝[97]殆盡，
[他只是]看、聽、觸、嗅和吃，
怡然安樂地生活著。

17.8
聞此真知得圓滿，
思慧抉擇消逝盡，
唯是看、聽、觸、嗅、食，
怡然度日心安樂。

97 galita-dhī：galita，滴下，沉沒，消逝；dhī，思考，意向，意見，洞察，指的是分別、觀察、決策的思維能力。

शून्या दृष्टिर्वृथा चेष्टा विकलानीन्द्रियाणि च ।
न स्पृहा न विरक्तिर्वा क्षीणसंसारसागरे ॥ १७-९ ॥

śūnyā dṛṣṭirvṛthā ceṣṭā vikalānīndriyāṇi ca
na spṛhā na viraktirvā kṣīṇasaṃsārasāgare

17.9
對於輪迴大海已枯竭之人而言，
沒有貪著或離於染著。
他的眼神是空的，行為沒有目的，
感官也不起作用。

17.9
輪迴大海若枯竭，
此人無貪亦無嫌；
目中空空全無意，
感官不起任運行。

न जागर्ति न निद्राति नोन्मीलति न मीलति।
अहो परदशा क्वापि वर्तते मुक्तचेतसः ॥ १७-१० ॥

na jāgarti na nidrāti nonmīlati na mīlati
aho paradaśā kvāpi vartate muktacetasaḥ

17.10

[智者] 既不是醒著也不是睡著，
既不是睜著眼，也不是閉著眼。
奇哉，解脫的心！
在一切處棲息於究竟之境。

17.10

智者非醒亦非寐，
雙目非開亦非合；
解脫之心達究竟，
在在處處契如如。

सर्वत्र दृश्यते स्वस्थः सर्वत्र वमिलाशयः ।
समस्तवासना मुक्तो मुक्तः सर्वत्र राजते ॥ १७-११ ॥

sarvatra dṛśyate svasthaḥ sarvatra vimalāśayaḥ
samastavāsanā mukto muktaḥ sarvatra rājate

17.11

於一切時處皆泰然安住[98]，
於一切時處皆無垢染。
解脫者遠離一切習氣，
於一切時處皆赫然閃耀。

17.11

解脫者於一切處，
泰然安住無垢染；
一切欲習得遠離，
在在處處皆閃耀。

98 svastha：sva，自己；stha，安住。svastha 指自我安住的，身心健康，不受煩惱侵擾的，無病、安穩的。此處描繪解脫者的狀態，故譯為「泰然安住」。參見 16.1 頌注釋。

पश्यन् शृण्वन् स्पृशन् जघि्रन्न् अश्नन् गृण्हन् वदन् व्रजन् ।
ईहितानीहितैर्मुक्तो मुक्त एव महाशयः ॥ १७-१२ ॥

paśyan śaṛṇvan spṛśan jighrann aśnan gṛṇhan vadan vrajan
īhitānīhitairmukto mukta eva mahāśayaḥ

17.12

他看、聽、觸、嗅，
吃、取、說、走，
偉大之人離於取捨的意願[99]，
是真正解脫的。

17.12

終日看、聽、觸、嗅、食，
執捉、言談或行走，
偉大之人無愛憎，
不即不離誠解脫。

99 īhitā-nīhita：īhitā 為「願意」、「希望」、「努力爭取」之意，nīhita 是其反義詞，即「拋棄」之意。

न नन्दिति न च स्तौति न हृष्यति न कुप्यति।
न ददाति न गृण्हाति मुक्तः सर्वत्र नीरसः ॥ १७-१३ ॥

na nindati na ca stauti na hṛṣyati na kupyati
na dadāti na gṛṇhāti muktaḥ sarvatra nīrasaḥ

17.13

不指責也不讚揚，
不高興也不生氣，
不給予也不索取，
解脫者於一切時處都不帶期盼。

17.13

解脫之人無喜怒，
不嗔怪亦不頌揚，
不施予亦無索取，
一切時處離期盼。

सानुरागां स्त्रियं दृष्ट्वा मृत्युं वा समुपस्थितिम् ।
अवह्विलमनाः स्वस्थो मुक्त एव महाशयः ॥ १७-१४ ॥

sānurāgāṃ striyaṃ dṛṣṭvā mṛtyuṃ vā samupasthitam
avihvalamanāḥ svastho mukta eva mahāśayaḥ

17.14
無論是面對多情的女子，
還是死亡臨近，
偉大之人內心無擾，泰然安住。
他是真正解脫的。

17.14
縱然獨對多情女，
亦或直面就死亡，
偉大之人心無擾，
泰然安住誠解脫。

सुखे दुःखे नरे नार्यां सम्पत्सु च वपित्सु च ।
वशिषो नैव धीरस्य सर्वत्र समदर्शनिः ॥ १७-१५ ॥

sukhe duḥkhe nare nāryāṃ sampatsu ca vipatsu ca
viśeṣo naiva dhīrasya sarvatra samadarśinaḥ

17.15
苦與樂、男與女，
以及成功與失敗，
對於智慧堅定者[100]並無任何不同，
他遍見一切平等。

17.15
男女、苦樂及種種，
是非成敗轉頭空，
堅定慧者平等視，
在在處處無不同。

100 見 3.1 頌註解。

न हिंसा नैव कारुण्यं नौद्धत्यं न च दीनता ।
नाश्चर्यं नैव च क्षोभः क्षीणसंसरणे नरे ॥ १७-१६ ॥

na hiṃsā naiva kāruṇyaṃ nauddhatyaṃ na ca dīnatā
nāścaryaṃ naiva ca kṣobhaḥ kṣīṇasaṃsaraṇe nare

17.16
耗盡輪迴之人，
不傷害也無悲憫，
不高傲也不謙卑，
無驚奇也無惱亂。

17.16
輪迴耗盡得脫者，
不加危害亦無憫，
不高傲亦不謙卑，
無驚奇亦無惱亂。

न मुक्तो वषियद्वेष्टा न वा वषियलोलुपः ।
असंसक्तमना नत्यिं प्राप्ताप्राप्तमुपाश्नुते ॥ १७-१७ ॥

na mukto viṣayadveṣṭā na vā viṣayalolupaḥ
asaṃsaktamanā nityaṃ prāptāprāptamupāśnute

17.17

解脫之人不厭離感官對境，
也不貪求感官對境。
他的心永不執著，
得與不得都受用 [自在]。

17.17

解脫之人無厭離，
亦不貪求諸欲境；
其心無執總安然，
得與不得常自在。

समाधानसमाधानहिताहितविकल्पनाः ।

शून्यचित्तो न जानाति कैवल्यमिव संस्थितः ॥ १७-१८ ॥

samādhānasamādhānahitāhitavikalpanāḥ

śūnyacitto na jānāti kaivalyamiva saṃsthitaḥ

17.18

入三摩地或未入三摩地的區別，

有益[101]或無益的區別，

心空之人不去了知，

他安住在獨一究竟之中[102]。

17.18

入定亦或未得定，

益或無益、善或惡，

心空之人不分別，

獨一究竟安然住。

101 hita，有益的，有好處，善的。ahita 是其反義詞，無益的，有害的，惡的。

102 kaivalyam，見 11.6 頌註解。

निर्ममो निरहङ्कारो न किञ्चिदिति निश्चितः ।
अन्तर्गलितसर्वाशः कुर्वन्नपि करोति न ॥ १७-१९ ॥

nirmamo nirahaṅkāro na kiñciditi niścitaḥ
antargalitasarvāśaḥ kurvannapi karoti na

17.19

離於「我」和「我的」，
確知一切皆不存在。
他內在的一切欲望都已消逝，
儘管 [看起來] 還有行為，其實無所作為。

17.19

「我」及「我所」俱遠離，
誠知一切皆無實；
彼心空諸一切欲，
雖似有為實無為。

मनःप्रकाशसंमोहस्वप्नजाड्यविवर्जितिः ।
दशां कामपि सम्प्राप्तो भवेद् गलतिमानसः ॥ १७-२० ॥

manaḥprakāśasaṃmohasvapnajāḍyavivarjitaḥ
daśāṃ kāmapi samprāpto bhaved galitamānasaḥ

17.20
心意消融的人，
他證得的境界不可言表。
迷妄、幻夢和昏鈍[103]，
他遠離了 [這類] 心的展現。

17.20
心意消融之智者，
所證境界無言表；
迷妄、幻夢及昏鈍，
此類心境皆已離。

103 jāḍya，呆滯，遲鈍，愚笨，沒有生氣。

第十八章

寂然平靜

अष्टावक्र उवाच ॥
यस्य बोधोदये तावत्स्वप्नवद् भवति भ्रमः ।
तस्मै सुखैकरूपाय नमः शान्ताय तेजसे ॥ १८-१ ॥

aṣṭāvakra uvāca
yasya bodhodaye tāvatsvapnavad bhavati bhramaḥ
tasmai sukhaikarūpāya namaḥ śāntāya tejase

八曲仙人說：

18.1
一旦那個覺知[104]展露出來，
所有的迷妄都成了一場夢。
皈命頂禮「那個」，
它就是喜悅本身，是寂靜和明耀。

八曲仙人云：

18.1
此覺一旦得展露，
幻相諸法則如夢；
至樂、寂靜極明耀，
皈命頂禮唯是「那」。

104 bodha，「覺」的意思。

अर्जयित्वाखिलान् अर्थान् भोगानाप्नोति पुष्कलान् ।
न हि सर्वपरित्यागमन्तरेण सुखी भवेत् ॥ १८-२ ॥

arjayitvākhilān arthān bhogānāpnoti puṣkalān
na hi sarvaparityāgamantareṇa sukhī bhavet

18.2
得到一切財富，
能讓人享樂無盡。
但除非完全放棄，
否則不會安樂。

18.2
執取世間之利祿，
所得享樂無窮數；
然而若非盡棄之，
安樂終究不可得。

कर्तव्यदुःखमार्तण्डज्वालादग्धान्तरात्मनः ।
कुतः प्रशमपीयूषधारासारमृते सुखम् ॥ १८-३ ॥

kartavyaduḥkhamārtaṇḍajvālādagdhāntarātmanaḥ
kutaḥ praśamapīyūṣadhārāsāramṛte sukham

18.3

責任感[105]是苦厄之烈日，
內心已被它烤焦；
若沒有沐浴在寂靜的甘露中，
怎麼可能快樂呢？

18.3

若猶覺有事當為，
此如烈日灼心痛；
寂靜甘露若不沐，
自在妙樂何能得？

105 kartavya，應做的事。

भवोऽयं भावनामात्रो न कञ्चित् परमर्थतः ।
नास्त्यभावः स्वभावानां भावाभाववभिावनिाम् ॥ १८-४ ॥

bhavo'yaṃ bhāvanāmātro na kiñcit paramarthataḥ
nāstyabhāvaḥ svabhāvānāṃ bhāvābhāvavibhāvinām

18.4

萬物只不過是一種想像，
究竟上並無實質。
而明辨[106]「有」和「無」[107]的體性[108]，
[是存在的，] 並非無。

18.4

宇宙僅是一念現，
究竟義上無實質；
然有妙體非空無，
善能明辨「有」與「無」。

106 vibhāvinām，分辨、剖析、善分別。

107 bhāva，誕生、存在、世界，古代譯師將之譯為「有」。加上否定的前綴 a- 後，abhāva 即是「無」，指「不存在」。

108 sva-bhāva，本性，本質，固有的特性。

न दूरं न च सङ्कोचाल्लब्धमेवात्मनः पदम् ।
निर्विकल्पं निरायासं निर्विकारं निरञ्जनम् ॥ १८-५॥

na dūraṃ na ca saṅkocāllabdhamevātmanaḥ padam
nirvikalpaṃ nirāyāsaṃ nirvikāraṃ nirañjanam

18.5
自性的境界不在遠方，
也無法通過施加限定來獲得。
它無有分別，遠離造作，
無有變易，離於垢染。

18.5
自性境界非迢迢，
亦非施限可得獲；
其無分別無造作，
無有變易無垢染。

व्यामोहमात्रविरतौ स्वरूपादानमात्रतः ।
वीतशोका विराजन्ते निरावरणदृष्टयः ॥ १८-६ ॥

vyāmohamātraviratau svarūpādānamātrataḥ
vītaśokā virājante nirāvaraṇadṛṣṭayaḥ

18.6
一旦迷妄停止，
而了悟本來面目，
消除了所見[109]蔽障的人，
悲傷消散，活得自在輝煌。

18.6
一旦迷妄得止息，
本來面目頓然現；
悲苦得消人自在，
障蔽得除所見明。

109 dṛṣṭayaḥ，或 dṛśya，可見的，所見。

समस्तं कल्पनामात्रमात्मा मुक्तः सनातनः ।
इति विज्ञाय धीरो हि किमभ्यस्यति बालवत् ॥ १८-७ ॥

samastaṃ kalpanāmātramātmā muktaḥ sanātanaḥ
iti vijñāya dhīro hi kimabhyasyati bālavat

18.7
一切都只是虛妄分別，
自性是解脫且永恆的。
智者[110]如是了知，
怎麼會像幼童[111]那樣行事呢？

18.7
一切皆從妄想生，
自性永存本解脫；
智者知此心自明，
行事豈如幼童乎？

110 dhīro，原義為堅定的人。指的是堅定於對智慧的了悟而不動搖的人。參見 3.1 頌註解。在 18 章中為了讀者方便理解，我們將此詞簡單地譯為「智者」。

111 bālavat，此處似是特指兒童無知、不明事理的一面，而智者於此不同，故有此發問。而在 16.8 與 18.49 中提及「幼童」，則讚許其不被二元法、善惡束縛的一面。

आत्मा ब्रह्मेति निश्चित्य भावाभावौ च कल्पितौ ।
निष्कामः किं विजानाति किं ब्रूते च करोति किम् ॥ १८-८ ॥

ātmā brahmeti niścitya bhāvābhāvau ca kalpitau
niṣkāmaḥ kiṃ vijānāti kiṃ brūte ca karoti kim

18.8
確知自性就是梵，
「有」「無」[112]都只是妄想，
離欲之人還要知道什麼，
還要說什麼、做什麼呢？

18.8
誠知自性即是梵，
有無俱非皆妄想；
離欲之人欲何知？
尚欲何言何所為？

112 見 18.4 頌注釋。

अयं सोऽहमयं नाहमिति क्षीणा वकिल्पना ।

सर्वमात्मेति निश्चित्य तूष्णीम्भूतस्य योगनिः ॥ १८-९ ॥

ayaṃ so'hamayaṃ nāhamiti kṣīṇā vikalpanā
sarvamātmeti niścitya tūṣṇīmbhūtasya yoginaḥ

18.9

「我就是那個，而我不是這個」，
耗盡了這種虛妄分別，
確知一切都是自性，
瑜伽士變得靜默。

18.9

「吾乃是彼而非此」，
耗盡此諸妄分別，
確知一切皆自性，
此瑜伽士更默然。

न वक्षिपो न चैकाग्र्यं नातबिोधो न मूढता ।
न सुखं न च वा दुःखमुपशान्तस्य योगनिः ॥ १८-१० ॥

na vikṣepo na caikāgryaṃ nātibodho na mūḍhatā
na sukhaṃ na ca vā duḥkhamupaśāntasya yoginaḥ

18.10
既不散亂也不專注，
既非太過明白[113]，也非愚笨，
既不快樂也不痛苦，
瑜伽士達至了寧靜。

18.10
既非散亂亦非專，
既非濫智亦非愚，
既非喜悅亦非悲，
此瑜伽士達寂靜。

113 atibodho：ati-，超過；nati-，不超過、不大；bodho，覺悟的，明白的。

स्वाराज्ये भैक्षवृत्तौ च लाभालाभे जने वने ।

नरि्वकिल्पस्वभावस्य न वशिीषोऽस्तयिोगनिः ॥ १८-११ ॥

svārājye bhaikṣavṛttau ca lābhālābhe jane vane

nirvikalpasvabhāvasya na viśeṣo'sti yoginaḥ

18.11

身為天王或乞丐，

得到或失去，群居或 [退隱] 森林中，

對瑜伽士沒有任何不同，

無分別就是他的本性。

18.11

身為天王或乞丐，

入世出世、得與失，

於瑜伽士無有異，

無分別乃其本性。

क्व धर्मः क्व च वा कामः क्व चार्थः क्व वविकता ।
इदं कृतमदिं नेतद्वन्द्वैर्मुक्तस्य योगनिः ॥ १८-१२ ॥

kva dharmaḥ kva ca vā kāmaḥ kva cārthaḥ kva vivekitā
idaṃ kṛtamidaṃ neti dvandvairmuktasya yoginaḥ

18.12

「這個要做」、「這不用做」，
瑜伽士已經超越了此類二元對立。
[對他而言，]法在哪裡？
名利在哪？愛欲在哪？明辨在哪？

18.12

「此須為之」、「此不為」，
如是二元相對立，
瑜伽士已超越矣；
善法、利、欲及明辨，
此等於其復何在？

कृत्यं किमपि नैवास्ति न कापि हृदि रञ्जना ।
यथा जीवनमेवेह जीवन्मुक्तस्य योगिनः ॥ १८-१३ ॥

kṛtyaṃ kimapi naivāsti na kāpi hṛdi rañjanā
yathā jīvanameveha jīvanmuktasya yoginaḥ

18.13

即身解脫[114]的瑜伽士，
沒有任何必做之事，
心中也沒有任何的垢染。
他在世間 [的行為] 只與這一期生命有關。

18.13

即身解脫瑜伽士，
必做之事渾然無，
其心自在無垢染，
其業唯餘此一生。

114 jīvanmukta，即身解脫者，又稱色身解脫者、命解脫者。吠檀多中的「即身解脫者」指在未捨去粗重色身時就已得到究竟解脫的人。

क्व मोहः क्व च वा विश्वं क्व तद् ध्यानं क्व मुक्तता ।
सर्वसङ्कल्पसीमायां विश्रान्तस्य महात्मनः ॥ १८-१४ ॥

kva mohaḥ kva ca vā viśvaṃ kva tad dhyānaṃ kva muktatā
sarvasaṅkalpasīmāyāṃ viśrāntasya mahātmanaḥ

18.14

一切概念見解的疆界，
休歇了的聖雄都已超越，
[對他而言，]無明在哪？宇宙在哪？
禪修於「那個」[115] 在哪？解脫又在哪？

18.14

聖雄休歇得止息，
見解之界已超越，
無明、宇宙又何在？
更復禪修於「那」乎？
尚須孜孜求脫乎？

115 tad dhyānaṃd：tad，那個，指的就是「自性」；dhyānaṃ，思惟、冥想。禪修於「那個」指的就是冥想於「自性」。

येन वशि्वमदिं दृष्टं स नास्तीतकिरोतु वै ।
नरि्वासनः कं किुरुते पश्यन्नपनि पश्यतं॥ १८-१५ ॥

yena viśvamidaṃ dṛṣṭaṃ sa nāstīti karotu vai
nirvāsanaḥ kiṃ kurute paśyannapi na paśyati

18.15
看見這一切萬象的人，
會想要否定 [一切的存在]。
無欲者要做什麼呢？
雖然他看，但他不見。

18.15
若人眼前現萬象，
必欲空之令不存；
然無欲者何為哉？
其雖視之而不見。

येन दृष्टं परं ब्रह्म सोऽहं ब्रह्मेति चिन्तयेत् ।
किं चिन्तयति निश्चिन्तो द्वितीयं यो न पश्यति ॥ १८-१६ ॥

yena dṛṣṭaṃ paraṃ brahma so'haṃ brahmeti cintayet
kiṃ cintayati niścinto dvitīyaṃ yo na paśyati

18.16

見到究竟之梵的人，
思於「我就是梵」的深意。
超越概念[116]的人，要思考什麼呢？
他不見有二。

18.16

若人得見究竟梵，
或可冥思「吾即梵」；
然若超越諸思惟，
不見有二何可思？

116 niścintā：cintā，思考，考慮，加了否定的前綴 niś 之後，可以理解為「無思」、「無慮」，此處意譯為「超越概念」。

दृष्टो येनात्मविक्षेपो निरोधं कुरुते त्वसौ ।

उदारस्तु न विक्षिप्तः साध्याभावात्करोति किम् ॥ १८-१७ ॥

dṛṣṭo yenātmavikṣepo nirodhaṃ kurute tvasau

udārastu na vikṣiptaḥ sādhyābhāvātkaroti kim

18.17

見到自己散亂的人，

才必須要壓伏[117]。

見獨一自性者[118]，無有散亂，

他沒有任何要完成，要做什麼呢？

18.17

若見自心之散亂，

乃須壓伏以離散；

然見自性含一切，

無有散亂無所成。

....

117 nirodha，強制、壓制、征服、破壞。古代譯師將之譯為「滅盡」、「寂滅」。本文中此詞多處出現，我們大多譯為「壓伏」，也有一處譯為「寂滅」。

118 udārastu，這一梵文有英譯本註解為：「見自性為無二獨一者」，或「在一切中見自性，在自性中見一切者」。

धीरो लोकविपर्यस्तो वर्तमानोऽपि लोकवत् ।
न समाधिं न विक्षेपं न लोपं स्वस्य पश्यति ॥ १८-१८ ॥

dhīro lokaviparyasto vartamāno'pi lokavat
na samādhiṃ na vikṣepaṃ na lepaṃ svasya paśyati

18.18

智者儘管像凡夫一樣生活，
但與凡夫完全相反。
他不見自己專注或散亂，
不見自己有任何汙垢。

18.18

智者外現凡夫相，
度日如庸卻不同；
專注、散亂彼不見，
亦不睹己有何垢。

भावाभाववहीनो यस्तृप्तो नर्वासनो बुधः ।
नैव कञ्चित्कृतं तेन लोकदृष्ट्या वकुर्वता ॥ १८-१९ ॥

bhāvābhāvavihīno yastṛpto nirvāsano budhaḥ
naiva kiñcitkṛtaṃ tena lokadṛṣṭyā vikurvatā

18.19

他不落於[119]「有」「無」[120]中，
具智慧、滿足且離欲。
他什麼都沒做，
儘管世人看來他在做。

18.19

智者不落有無中，
具慧知足無所求；
世人見彼行於事，
然彼實則無所為。

119 vihīnas，缺乏、失去。這裡指智者超越了有無，意譯為「不落有無」。

120 見 18.8 頌註解。

प्रवृत्तौ वा निवृत्तौ वा नैव धीरस्य दुर्ग्रहः ।
यदा यत्कर्तुमायाति तत्कृत्वा तिष्ठतः सुखम् ॥ १८-२० ॥

pravṛttau vā nivṛttau vā naiva dhīrasya durgrahaḥ
yadā yatkartumāyāti tatkṛtvā tiṣṭhataḥ sukham

18.20

無論是做還是不做，
智者都沒有任何偏執。
當遇到該做的事，他就做，
保持怡然安樂。

18.20

智者怡然閑度日，
當為之事則為之；
為與不為無所難，
進退無可無不可。

नर्िवासनो नरिालम्बः स्वच्छन्दो मुक्तबन्धनः ।

क्षपि्तः संस्कारवातेन चेष्टते शुष्कपर्णवत् ॥ १८-२१ ॥

nirvāsano nirālambaḥ svacchando muktabandhanaḥ

kṣiptaḥ saṃskāravātena ceṣṭate śuṣkaparṇavat

18.21

無欲無求，離於攀緣，

自由自在，擺脫了束縛。

[他任由] 輪迴之風吹拂，

像一片枯葉那樣飄動。

18.21

無縛獨立無所求，

自在解脫無所依；

輪迴之風任吹拂，

覺者如枯葉隨風。

असंसारस्य तु क्वापि न हर्षो न विषादता ।
स शीतलमना नित्यं विदेह इव राजते ॥ १८-२२ ॥

asaṃsārasya tu kvāpi na harṣo na viṣādatā
sa śītalamanā nityaṃ videha iva rājate

18.22
超越了世間的人，
沒有喜悅或悲惱。
他的心永遠是清涼的[121]，
彷彿沒有身體一般，赫然閃耀。

18.22
超世脫俗之智者，
無有喜悅亦無悲；
其心離執恆清涼，
似若無身唯閃耀。

121 śītala：冷的，冷卻的，柔和的，不刺激感情的，不使產生痛苦的。古代譯師常譯為清涼、陰涼、安樂。在 1.17 頌中也出現過。

कुत्रापि न जिहासास्ति नाशो वापि न कुत्रचित् ।
आत्मारामस्य धीरस्य शीतलाच्छतरात्मनः ॥ १८-२३ ॥

kutrāpi na jihāsāsti nāśo vāpi na kutracit
ātmārāmasya dhīrasya śītalācchatarātmanaḥ

18.23
無論何處都不想要放棄什麼，
也不覺得失去了什麼。
智者樂於自性，
內在是清涼、淨妙的。

18.23
智者唯樂於自性，
其心清涼而淨妙；
就事無厭不求避，
得失去留無欣喟。

प्रकृत्या शून्यचित्तस्य कुर्वतोऽस्य यदृच्छया ।
प्राकृतस्येव धीरस्य न मानो नावमानता ॥ १८-२४ ॥

prakṛtyā śūnyacittasya kurvato'sya yadṛcchayā
prākṛtaśyeva dhīrasya na māno nāvamānatā

18.24
他的心本來就是空的，
出現什麼就做什麼。
智者不會像凡夫那樣，
他不自大，也不會自卑。

18.24
智者心性本來空，
事若臨頭則為之，
不自矜誇不自卑，
彼與凡夫全不同。

कृतं देहेन कर्मेदं न मया शुद्धरूपिणा ।
इति चिन्तानुरोधी यः कुर्वन्नपि करोति न ॥ १८-२५॥

kṛtaṃ dehena karmedaṃ na mayā śuddharūpiṇā
iti cintānurodhī yaḥ kurvannapi karoti na

18.25
「這是身體所做，
不是我——純淨的自性所做。」
人若契合於此見地，
他即使在做，也沒有做。

18.25
「此屬身體之所為，
吾乃自性無所為。」
若人所行合此道，
其雖在為實無為。

अतद्वादीव कुरुते न भवेदपि बालिशः ।
जीवन्मुक्तः सुखी श्रीमान् संसरन्नपि शोभते ॥ १८-२६ ॥

atadvādīva kurute na bhavedapi bāliśaḥ
jīvanmuktaḥ sukhī śrīmān saṃsarannapi śobhate

18.26
他做，卻不這麼說 [他有所做]，
但他也並非是傻子。
他是即身成就者，快樂而有福，
雖在世間，也妙好莊嚴[122]。

18.26
雖做不自言有做，
然彼亦非愚或鈍；
即身成就處世間，
自在具福妙莊嚴。

122 śobhate，或 suśobhate，端莊的、傑出的、威嚴的，古代譯師將之譯為「莊嚴」。

नानाविचारसुश्रान्तो धीरो विश्रान्तिमागतः ।
न कल्पते न जाति न शृणोति न पश्यति ॥ १८-२७ ॥

nānāvicārasuśrānto dhīro viśrāntimāgataḥ
na kalpate na jāti na śaṛṇoti na paśyati

18.27
厭倦了各式各樣的思辨，
智者歸於休歇。
他不想，不懂，
不聽，也不看。

18.27
倦矣！百端諸玄辨，
智者歇去得休息；
不加擬議不思量，
不懂不聽亦不看。

असमाधेरविक्षेपान् न मुमुक्षुर्न चेतरः ।
निश्चित्य कल्पितं पश्यन् ब्रह्मैवास्ते महाशयः ॥ १८-२८ ॥

asamādheravikṣepān na mumukṣurna cetaraḥ
niścitya kalpitaṃ paśyan brahmaivāste mahāśayaḥ

18.28

離於散亂，也不修三摩地，
不渴求解脫，也不被束縛。
儘管見到 [世界]，但確知那只是妄想。
偉大者存在，如梵本身。

18.28

離於散亂不修定，
不求解脫無束縛；
雖見萬象知乃幻，
偉者存世即如梵。

यस्यान्तः स्यादहङ्कारो न करोति करोति सः ।
नरिहङ्कारधीरेण न कञ्चिदिकृतं कृतम् ॥ १८-२९ ॥

yasyāntaḥ syādahaṅkāro na karoti karoti saḥ
nirahaṅkāradhīreṇa na kiñcidakṛtaṃ kṛtam

18.29
內在有自我的人，
儘管不做，也是有為的。
智者離於自我，
儘管在做，也是無為的。

18.29
有自我者執著我，
縱無行動亦有為；
有智慧者離我執，
雖有所為然無為。

नोद्विग्नं न च सन्तुष्टमकर्तृ स्पन्दवर्जितम् ।
निराशं गतसन्देहं चित्तं मुक्तस्य राजते ॥ १८-३० ॥

nodvignaṃ na ca santuṣṭamakartṛ spandavarjitam
nirāśaṃ gatasandehaṃ cittaṃ muktasya rājate

18.30
既無煩惱也無喜悅，
無為、無有動搖，
無所期盼，不疑惑，
解脫者的心，赫然閃耀。

18.30
心空自在離喜憂，
無為不動無來去，
無所期盼離疑惑，
解脫之心威赫赫。

नर्िध्यातुं चेष्टतिुं वापि यच्चत्तिं न प्रवर्तते ।
नर्िनमित्तिमदिं कन्तिु नर्िध्यायेतविचिेष्टते ॥ १८-३१ ॥

nirdhyātuṃ ceṣṭituṃ vāpi yaccittaṃ na pravartate
nirnimittamidaṃ kintu nirdhyāyeti viceṣṭate

18.31
他的心既不去努力入定，
也不努力地勤作，
但不帶任何意圖，
會自然地入定或起作。

18.31
解脫之人心無作，
不求入定或勤行；
然因無心無所圖，
自得入定或起作。

तत्त्वं यथार्थमाकर्ण्य मन्दः प्राप्नोति मूढताम् ।
अथवा याति सङ्कोचममूढः कोऽपि मूढवत् ॥ १८-३२ ॥

tattvaṃ yathārthamākarṇya mandaḥ prāpnoti mūḍhatām
athavā yāti saṅkocamamūḍhaḥ ko'pi mūḍhavat

18.32
聽聞了真正的至理真諦，
愚鈍的人感到迷惑，
而不迷惑的人退回［到自己的內在］，
［看起來］如同愚者一般。

18.32
愚者雖聞至真諦，
狐疑不決依舊迷；
慧者聞道心自潛，
晦跡韜光退若愚。

एकाग्रता नरिोधो वा मूढैरभ्यस्यते भृशम् ।
धीराः कृत्यं न पश्यन्ति सुप्तवत्स्वपदे स्थिताः ॥ १८-३३ ॥

ekāgratā nirodho vā mūḍhairabhyasyate bhṛśam
dhīrāḥ kṛtyaṃ na paśyanti suptavatsvapade sthitāḥ

18.33
愚者極度努力地修行，
專心一處或者壓伏[123]。
智者不見有任何事要做，
安住真實自性[124]，如同沉睡。

18.33
愚者孜孜勤修行，
專心一處或壓伏；
智者無事可為之，
安住自性似沉睡。

123 nirodha，見 18.17 頌註解。
124 svapada：sva 指自己；pada 是立足地，住所，立場的意思。sva-pada 跟 sva-rūpa 意思近似，故此處譯為「真實自性」。

अप्रयत्नात् प्रयत्नाद् वा मूढो नाप्नोति निर्वृतिम् ।
तत्त्वनिश्चयमात्रेण प्राज्ञो भवति निर्वृतः ॥ १८-३४ ॥

apravatnāt prayatnād vā mūḍho nāpnoti nirvṛtim
tattvaniścayamātreṇa prājño bhavati nirvṛtaḥ

18.34
愚者無論不勤奮還是勤奮，
都無法達至寂靜。
慧者只是堅信真理，
就獲得了涅槃妙樂[125]。

18.34
愚者勤作或不勤，
其心怏怏難寂靜；
慧者但悟明真理，
受用涅槃之妙樂。

125　第二行末的「寂靜」和第四行末的「涅槃妙樂」，這兩個詞其實是同一個梵文，nirvrti，指寂靜、滿足、喜悅、平靜，也指燈火的熄滅，在佛教中譯經典中，被譯為「涅槃」。在這一頌中，我們採取了兩種譯法，以圖展現此詞的豐富含義。

शुद्धं बुद्धं प्रियं पूर्णं निष्प्रपञ्चं निरामयम् ।
आत्मानं तं न जानन्ति तत्राभ्यासपरा जनाः ॥ १८-३५॥

śuddhaṃ buddhaṃ priyaṃ pūrṇaṃ niṣprapañcaṃ nirāmayam
ātmānaṃ taṃ na jānanti tatrābhyāsaparā janāḥ

18.35

自性純淨、能覺、具愛，
圓滿、離於戲論、無疾患[126]。
世人投身各類修行，
卻不瞭解自性。

18.35

自性具愛、淨、能覺，
圓滿、離戲、無疾患；
世人務修法門多，
然於自性不了達。

126 nirāmaya：āmaya，疾病、疾患，加了表示否定的前綴 nir- 後，意為無有疾患。

नाप्नोत किर्मणा मोक्षं वमिूढोऽभ्यासरूपणिा ।
धन्यो वजि्ञानमात्रेण मुक्तस्तष्ठित्यवकि्रयिः ॥ १८-३६ ॥

nāpnoti karmaṇā mokṣaṃ vimūḍho'bhyāsarūpiṇā
dhanyo vijñānamātreṇa muktastiṣṭhatyavikriyaḥ

18.36

愚者靠著反覆修習，
還是達不到解脫。
有福之人僅依靠明辨之智[127]，
就能獲得解脫，住於不變。

18.36

愚者反覆勤修習，
但於解脫終不得；
福人唯依明辨智，
即得解脫超無常。

127 見 14.2 頌註解。

मूढो नाप्नोति तद् ब्रह्म यतो भवितुमिच्छति।
अनिच्छन्नपि धीरो हि परब्रह्मस्वरूपभाक् ॥ १८-३७ ॥

mūḍho nāpnoti tad brahma yato bhavitumicchati
anicchannapi dhīro hi parabrahmasvarūpabhāk

18.37
愚者渴望成為梵，
所以不能達至梵。
智者毫無渴求，
[卻] 享用著究竟的梵之本性。

18.37
愚者有求欲得果，
故而不能達至梵；
智者無欲無所求，
然契究竟梵本性。

नराधारा ग्रहव्यग्रा मूढाः संसारपोषकाः ।
एतस्यानर्थमूलस्य मूलच्छेदः कृतो बुधैः ॥ १८-३८ ॥

nirādhārā grahavyagrā mūḍhāḥ saṃsārapoṣakāḥ
etasyānarthamūlasya mūlacchedaḥ kṛto budhaiḥ

18.38

愚者想把捉卻得不到 [任何] 依持[128]，
[只是] 在滋養著輪迴。
輪迴的根是一切不幸的來源，
智者切斷了它。

18.38

愚者把捉卻無依，
但養輪迴續其因；
輪迴之根皆是苦，
智者直截斷苦根。

....

128 ādhāra，依持、支柱、基礎。了知自性是得以超越輪迴的基礎，愚人不識自性，所以就算想要把捉，卻沒有依靠。

न शान्तिं लभते मूढो यतः शमितुमिच्छति ।
धीरस्तत्त्वं विनिश्चित्य सर्वदा शान्तमानसः ॥ १८-३९ ॥

na śāntiṃ labhate mūḍho yataḥ śamitumicchati
dhīrastattvaṃ viniścitya sarvadā śāntamānasaḥ

18.39
愚者得不到寧靜，
因為想要達至寧靜。
智者確認了真理，
心永遠寧靜。

18.39
愚者欲求能得靜，
然於寧靜終不得；
智者達道明真諦，
其心自靜永安寧。

क्वात्मनो दर्शनं तस्य यद् दृष्टमवलम्बते ।
धीरास्तं तं न पश्यन्ति पश्यन्त्यात्मानमव्ययम् ॥ १८-४० ॥

kvātmano darśanaṃ tasya yad dṛṣṭamavalambate
dhīrāstaṃ taṃ na paśyanti paśyantyātmānamavyayam

18.40
若攀緣於所見的事物，
又哪能觀見自性呢？
智者不見有彼此，
但見不滅之自性。

18.40
若於所見境中覓，
豈能明道識自性？
智者不見有彼此，
但見不滅之自性。

क्व निरोधो विमूढस्य यो निर्बन्धं करोति वै ।
स्वारामस्यैव धीरस्य सर्वदासावकृत्रिमः ॥ १८-४१ ॥

kva nirodho vimūḍhasya yo nirbandhaṃ karoti vai
svārāmasyaiva dhīrasya sarvadāsāvakṛtrimaḥ

18.41
愚者固執於壓伏［心］，
又哪能壓伏得住呢？
智者陶醉於自性，
一直是自然而無造作的。

18.41
愚者執意壓伏心，
如是安能得寂靜？
智者陶醉於自性，
心常坦然無造作。

भावस्य भावकः कश्चिन् न किञ्चिद् भावकोपरः ।
उभयाभावकः कश्चिद् एवमेव निराकुलः ॥ १८-४२ ॥

bhāvasya bhāvakaḥ kaścin na kiñcid bhāvakoparaḥ
ubhayābhāvakaḥ kaścid evameva nirākulaḥ

18.42

有人認為存在實有，
另有人認為什麼都不存在。
鮮少有人兩邊都不認為，
因此遠離了紛擾。

18.42

有人執有以為實，
有人執空以為無；
若人兩邊俱不住，
此稀有者心無擾。

शुद्धमद्वयमात्मानं भावयन्ति कुबुद्धयः ।
न तु जानन्ति संमोहाद्यावज्जीवमनिर्वृताः ॥ १८-४३ ॥

śuddhamadvayamātmānaṃ bhāvayanti kubuddhayaḥ
na tu jānanti saṃmohādyāvajjīvamanirvṛtāḥ

18.43
自性是純淨不二的，
智慧暗鈍的人這麼去觀修，
但卻不能了悟它。由於迷惑，
一輩子都活得不幸福。

18.43
自性純淨本不二，
智暗鈍者觀修之，
卻因迷故未見性，
一生蹉跎終不樂。

मुमुक्षोर्बुद्धिरालम्बमन्तरेण न विद्यते ।
निरालम्बैव निष्कामा बुद्धिर्मुक्तस्य सर्वदा ॥ १८-४४ ॥

mumukṣorbuddhirālambamantareṇa na vidyate
nirālambaiva niṣkāmā buddhirmuktasya sarvadā

18.44
渴求解脫之人的心智，
若不攀緣就沒法運作。
但解脫者的心智，
確實永遠都無所攀緣，遠離了欲望。

18.44
求解脫者心有求，
必有攀緣之境界；
解脫之人心無依，
獨然離欲無所求。

वषियद्वीपनिो वीक्ष्य चकताि: शरणार्थनि: ।
वशिन्त झटति क्रोडं नरिोधैकाग्रसद्धिये ॥ १८-४५॥

viṣayadvīpino vīkṣya cakitāḥ śaraṇārthinaḥ
viśanti jhaṭiti kroḍaṃ nirodhaikāgrasiddhaye

18.45
見到猛虎般的感官對境，
那些心生恐懼之人，[為了] 尋求庇護，
立刻進入山洞，
以成就寂滅[129]與專注。

18.45
愚者遇境如見虎，
心生恐懼求庇護，
隨即遁入山洞中，
欲得寂滅及專注。

129 nirodha，壓伏，寂滅。見 18.17 頌註解。

निर्वासनं हरिं दृष्ट्वा तूष्णीं विषयदन्तिनः ।
पलायन्ते न शक्तास्ते सेवन्ते कृतचाटवः ॥ १८-४६ ॥

nirvāsanaṃ hariṃ dṛṣṭvā tūṣṇīṃ viṣayadantinaḥ
palāyante na śaktāste sevante kṛtacāṭavaḥ

18.46
見到了無欲無求的獅子，
感官對境即如大象一般，
靜悄悄地溜走，若逃不掉的話，
就 [留下來] 奉承服侍。

18.46
若見無欲之雄獅，
欲境旋即轉靜默，
如象群般悄然遁；
若不能逃則駐留，
殷勤服侍雄獅子。

न मुक्तिकारिकां धत्ते निःशङ्को युक्तमानसः ।
पश्यन् शृण्वन् स्पृशन् जिघ्रन्नश्नन्नास्ते यथासुखम् ॥ १८-४७ ॥

na muktikārikāṃ dhatte niḥśaṅko yuktamānasaḥ
paśyan śaṛṇvan spṛśan jighrannaśnannāste yathāsukham

18.47
沒有了疑惑，心契合於道的人，
不去尋求某種修行法門來解脫。
他看、聽、觸、嗅、吃，
怡然安樂地活著。

18.47
契合於道則無疑，
不修方便不求脫；
此人看、聽、觸、嗅、食，
怡然度日心安樂。

वस्तुश्रवणमात्रेण शुद्धबुद्धिर्निराकुलः ।
नैवाचारमनाचारमौदास्यं वा प्रपश्यति ॥ १८-४८ ॥

vastuśravaṇamātreṇa śuddhabuddhirnirākulaḥ
naivācāramanācāramaudāsyaṃ vā prapaśyati

18.48

僅僅是聽聞了真理，
[便安住於] 清淨智[130]，遠離了紛擾。
恰當或不恰當的行為，或是漠不關心，
他真的不見 [這些有什麼區別]。

18.48

真理一經入耳聞，
即得安住清淨智；
於諸行為善不善，
如理抉擇或漠然，
智者眼中皆不見。

130 śuddhabuddhi：śuddha，清淨、純淨；buddhi，智。

यदा यत्कर्तुमायाति तदा तत्कुरुते ऋजुः ।
शुभं वाप्यशुभं वापि तस्य चेष्टा हि बालवत् ॥ १८-४९ ॥

yadā yatkartumāyāti tadā tatkurute ṛjuḥ
śubhaṃ vāpyaśubhaṃ vāpi tasya ceṣṭā hi bālavat

18.49
當遇上了該做的事時，
直心之人就做，
無論那是善事還是惡事，
他的行為就像幼童一樣。

18.49
當為之事則為之，
智者直心即直用；
無論善行或惡行，
其行任運似童子。

स्वातन्त्र्यात्सुखमाप्नोति स्वातन्त्र्याल्लभते परम् ।
स्वातन्त्र्यान्निर्वृतिं गच्छेत्स्वातन्त्र्यात् परमं पदम् ॥ १८-५० ॥

svātantryātsukhamāpnoti svātantryāllabhate param
svātantryānnirvṛtiṃ gacchetsvātantryāt paramaṃ padam

18.50

因自在[131]故，而得到快樂，
因自在故，而企及無上，
因自在故，而達至涅槃，
因自在故，而臻於究竟之地。

18.50

因自在故獲喜悅，
因自在故達究竟，
因自在故至涅槃，
因自在故契如如。

131 sva-tantrya，自立、自由、不受拘束的，古代譯師譯為「自在」。

अकर्तृत्वमभोक्तृत्वं स्वात्मनो मन्यते यदा ।
तदा क्षीणा भवन्त्येव समस्ताश्चित्तवृत्तयः ॥ १८-५१ ॥

akartṛtvamabhoktṛtvaṃ svātmano manyate yadā
tadā kṣīṇā bhavantyeva samastāścittavṛttayaḥ

18.51
當明白了自己，
既不是做者，也不是享受者時，
一切心的變易，
就都耗盡了。

18.51
己非做者非受者，
如是領悟自明時，
諸種妄想之心行，
由此得歇銷滅盡。

उच्छृङ्खलाप्यकृतिका स्थितिर्धीरस्य राजते ।
न तु सस्पृहचित्तस्य शान्तिर्मूढस्य कृत्रिमा ॥ १८-५२ ॥

ucchṛṅkhalāpyakṛtikā sthitirdhīrasya rājate
na tu saspṛhacittasya śāntirmūḍhasya kṛtrimā

18.52
智者的舉止赫然閃耀，
不受限制，任運自然。
但這不是心有執著的愚者，
假裝出來的平靜。

18.52
智者行誼威赫赫，
自然任運不拘定；
心有執著之愚者，
佯作寂靜不可得。

विलसन्ति महाभोगैर्विशन्ति गिरिगह्वरान् ।
निरस्तकल्पना धीरा अबद्धा मुक्तबुद्धयः ॥ १८-५३ ॥

vilasanti mahābhogairviśanti girigahvarān
nirastakalpanā dhīrā abaddhā muktabuddhayaḥ

18.53
智者摧破了妄想，
其心智獲得了自由，無拘無束。
他會嬉戲遊樂，
也會退隱山洞。

18.53
智者遠離諸妄想，
其智自由無束縛，
逍遙遊戲於世間，
亦或晦跡隱山林。

श्रोत्रियं देवतां तीर्थमङ्गनां भूपतिं प्रियम् ।
दृष्ट्वा सम्पूज्य धीरस्य न कापि हृदि वासना ॥ १८-५४ ॥

śrotriyaṃ devatāṃ tīrthamaṅganāṃ bhūpatiṃ priyam
dṛṣṭvā sampūjya dhīrasya na kāpi hṛdi vāsanā

18.54
無論是飽學經論之人、天神或聖地，
還是女子、國王或所愛之人，
智者見到或禮敬他們時，
心裡不會出現任何渴望。

18.54
飽學、天神及聖地，
女子、國王及摯愛，
智者雖見或禮敬，
然其心中皆無執。

भृत्यैः पुत्रैः कलत्रैश्च दौहित्रैश्चापि गोत्रजैः ।
विहस्य धिक्कृतो योगी न याति विकृतिं मनाक् ॥ १८-५५॥

bhṛtyaiḥ putraiḥ kalatraiśca dauhitraiścāpi gotrajaiḥ
vihasya dhikkṛto yogī na yāti vikṛtiṃ manāk

18.55
僕人、兒子或妻妾，
外孫，甚至是親戚，
瑜伽士被他們嘲笑或責罵時，
完全不受打擾。

18.55
僕人、兒輩及妻妾，
孫輩、親戚若恥笑，
橫加辱罵或呵責，
瑜伽士全不受擾。

सन्तुष्टोऽपि न सन्तुष्टः खिन्नोऽपि न च खिद्यते ।
तस्याश्चर्यदशां तां तां तादृशा एव जानते ॥ १८-५६ ॥

santuṣṭo'pi na santuṣṭaḥ khinno'pi na ca khidyate
tasyāścaryadaśāṃ tāṃ tāṃ tādṛśā eva jānate

18.56

快樂中他沒有快樂，
痛苦中他不受痛苦。
這個奇特的狀態，
只有與他一樣的人才能瞭解。

18.56

快樂之中彼無樂，
痛苦之中彼無苦；
如此境界甚奇特，
與之同者方可知。

कर्तव्यतैव संसारो न तां पश्यन्ति सूरयः ।
शून्याकारा निराकारा निर्विकारा निरामयाः ॥ १८-५७ ॥

kartavyataiva saṃsāro na tāṃ paśyanti sūrayaḥ
śūnyākārā nirākārā nirvikārā nirāmayāḥ

18.57

覺得有事應該完成[132]，這本身就是輪迴，
智者不見 [有可做之事]。
他空寂而無形無相，
無有變易，也無有疾患。

18.57

若覺有事應為之，
此即輪迴痛苦因；
智者不見可為事，
其身無相空無形，
無有變易無疾患。

132 kartavya，應做的事。在 18.3 頌中，譯為了「責任感」。

अकुर्वन्नपि सङ्क्षोभाद् व्यग्रः सर्वत्र मूढधीः ।
कुर्वन्नपि तु कृत्यानि कुशलो हि निराकुलः ॥ १८-५८ ॥

akurvannapi saṅkṣobhād vyagraḥ sarvatra mūḍhadhīḥ
kurvannapi tu kṛtyāni kuśalo hi nirākulaḥ

18.58
愚者即使什麼都不做，
也總是散亂不安的。
而達者即使在履行職責，
也遠離了紛擾。

18.58
愚者縱然無所做，
亦墮散亂心難安；
達者縱使盡職責，
亦得自在心無擾。

सुखमास्ते सुखं शेते सुखमायाति याति च ।
सुखं वक्ति सुखं भुङ्क्ते व्यवहारेऽपि शान्तधीः ॥ १८-५९ ॥

sukhamāste sukhaṃ śete sukhamāyāti yāti ca
sukhaṃ vakti sukhaṃ bhuṅkte vyavahāre'pi śāntadhīḥ

18.59
寂靜者即使在日常生活中，
也安樂地坐，安樂地睡，
安樂地來去，
安樂地說，安樂地吃。

18.59
寂靜之人雖入世，
日常行住及坐臥，
開口言說或進食，
皆處安樂心怡然。

स्वभावाद्यस्य नैवार्तिर्लोकवद् व्यवहारिणः ।
महाहृद इवाक्षोभ्यो गतक्लेशः सुशोभते ॥ १८-६० ॥

svabhāvādyasya naivārtirlokavad vyavahāriṇaḥ
mahāhṛda ivākṣobhyo gatakleśaḥ suśobhate

18.60
[立足於]本性的人，在日常生活中，
並不像凡夫那樣苦惱。
如同巨大的湖一樣不受擾動，
悲苦都消失了，他妙好莊嚴。

18.60
本源自性天真者，
雖處世間無俗慮，
心無擾動如巨池，
無有悲苦妙莊嚴。

नवृित्तरपि मूढस्य प्रवृत्ति रुपजायते ।
प्रवृत्तिरपि धीरस्य नवृित्तफिलभागनिी ॥ १८-६१ ॥

nivṛttirapi mūḍhasya pravṛtti rupajāyate
pravṛttirapi dhīrasya nivṛttiphalabhāginī

18.61
愚者就算不做為，
也成了有所作為。
智者就算做，
也領受到了無作的果實。

18.61
愚者縱然無所做，
亦是造作有所為；
智者縱使有所做，
亦受無作無為果。

परग्रिहेषु वैराग्यं प्रायो मूढस्य दृश्यते ।
देहे वगिलतिाशस्य क्व रागः क्व वरिागता ॥ १८-६२ ॥

parigraheṣu vairāgyaṃ prāyo mūḍhasya dṛśyate
dehe vigalitāśasya kva rāgaḥ kva virāgatā

18.62
愚人常常展現出，
對自己所擁有之物的厭惡。
而消除了對身體執著的人，
愛染在哪？厭離又在哪？

18.62
愚者常厭己所有，
不稱己意患不足；
身執得滅之智者，
染著何有？厭何在？

भावनाभावनासक्ता दृष्टिर्मूढस्य सर्वदा ।
भाव्यभावनया सा तु स्वस्थस्यादृष्टिरूपिणी ॥ १८-६३ ॥

bhāvanābhāvanāsaktā dṛṣṭirmūḍhasya sarvadā
bhāvyabhāvanayā sā tu svasthasyādṛṣṭirūpiṇī

18.63
愚者總是見到，
[自己] 陷入了觀修[133]或不觀修。
而安住自性者，想可想之事，
卻不見種種外相。

18.63
愚者總見心起滅，
陷於觀修、不觀修；
智者雖思可思事，
不見外相住自性。

133 bhāvanā，詳見 12.7 頌註解。

सर्वारम्भेषु नष्किामो यश्चरेद् बालवन् मुनिः ।
न लेपस्तस्य शुद्धस्य क्रयिमाणेऽपि कर्मणि ॥ १८-६४ ॥

sarvārambheṣu niṣkāmo yaścared bālavan muniḥ
na lepastasya śuddhasya kriyamāṇe'pi karmaṇi

18.64
牟尼[134]遊歷 [於世間] 就像幼童一樣，
一切行事都不帶欲望。
他純淨，即使對親自做的事，
也不會有執著。

18.64
聖者逍遙如童子，
一切所作無所求，
斯人純淨無垢染，
親為之事亦不執。

134 Muni，音譯為「牟尼」，指聖人、賢者、寂默者。

स एव धन्य आत्मज्ञः सर्वभावेषु यः समः ।
पश्यन् शृण्वन् स्पृशन् जघ्रिन्न् अश्नन्नस्तिर्षमानसः ॥ १८-६५ ॥

sa eva dhanya ātmajñaḥ sarvabhāveṣu yaḥ samaḥ
paśyan śaṛṇvan spṛśan jighrann aśnannistarṣamānasaḥ

18.65
了知自性的人是真正有福的，
在一切對境下都一樣。
他看、聽、觸、嗅和吃，
他的心都已超越了貪渴[135]。

18.65
見性之人誠有福，
於一切境皆一如；
斯人看、聽、觸、嗅、食，
無欲之心離貪渴。

135 nis-tarṣa mānasaḥ：nis，沒有；tarṣa，渴望，欲望；mānasaḥ，（某人的）心。

क्व संसारः क्व चाभासः क्व साध्यं क्व च साधनम् ।

आकाशस्येव धीरस्य निर्विकल्पस्य सर्वदा ॥ १८-६६ ॥

kva saṃsāraḥ kva cābhāsaḥ kva sādhyaṃ kva ca sādhanam

ākāśasyeva dhīrasya nirvikalpasya sarvadā

18.66

智者如同虛空一樣，

他永遠無有分別，

[對他而言，] 世間輪迴在哪？其顯現在哪？

[修行的] 目標在哪？修行又在哪？

18.66

定於慧者如虛空，

永無改變無分別；

輪迴、萬顯何處尋？

成就、修行又何在？

स जयत्यर्थसंन्यासी पूर्णस्वरसविग्रहः ।
अकृत्रिमोऽनवच्छिन्ने समाधिर्यस्य वर्तते ॥ १८-६७ ॥

sa jayatyarthasaṃnyāsī pūrṇasvarasavigrahaḥ
akṛtrimo'navacchinne samādhiryasya vartate

18.67

他勝利了[136]，放棄了 [一切] 追求[137]，
他是圓滿大樂本性的化現。
他安住於本然的三摩地中，
任運無作，不受限制。

18.67

勝者離欲無趣向，
彼乃圓滿性化現；
住於本然三摩地，
任運自在無拘定。

136 jaya，勝利，征服。是對於聖者或神的讚譽，指他們能摧破煩惱、惡魔等。

137 artha，這個梵文詞含義很豐富，指目的、追求、財富、動機、利益。即印度教人生四大目標「愛欲、名利、善法、解脫」中的「名利」。

बहुनात्र किमुक्तेन ज्ञाततत्त्वो महाशयः ।
भोगमोक्षनिराकाङ्क्षी सदा सर्वत्र नीरसः ॥ १८-६८ ॥

bahunātra kimuktena jñātatattvo mahāśayaḥ
bhogamokṣanirākāṅkṣī sadā sarvatra nīrasaḥ

18.68
何必還要多說什麼呢？
偉大者了悟了真理，
離於對享受和解脫的渴望，
在一切時處，都沒有任何希求。

18.68
何須叨叨更多言？
了悟真理之大聖，
享樂、解脫皆不慕，
一切時處無希求。

महदादि जगद्द्वैतं नाममात्रविजृम्भितम् ।
विहाय शुद्धबोधस्य किं कृत्यमवशिष्यते ॥ १८-६९ ॥

mahadādi jagaddvaitaṃ nāmamātravijṛmbhitam
vihāya śuddhabodhasya kiṃ kṛtyamavaśiṣyate

18.69
從「摩訶」[138] 開始的二元世界，
僅僅是依靠名相而展現出來的。
已經放下了這些的人，他就是純淨覺性，
還有什麼要做的呢？

18.69
始於「摩訶」之萬象，
僅依名相而建立；
捨此之人即覺性，
復有何事尚須為？

138 maha，音譯「摩訶」，意為「大」。是古印度的數論派的一個概念，指的是從最初的原人（purusa，即原初覺知的基礎）和原質（prakṛti，即物質顯現的基礎）開始，展現了「摩訶」，譯為「大」，或「覺」，因為它就是最初展現的覺（buddhi）。從「摩訶」中再生起自我意識，即「我慢」（ahaṃkāra），於此復生物質世界的五大、色身十一根。數論派的這些概念也見諸於《薄伽梵歌》中，是當時古印度常見的說法。

भ्रमभूतमिदं सर्वं किञ्चिन्नास्तीति निश्चयी ।
अलक्ष्यस्फुरणः शुद्धः स्वभावेनैव शाम्यति ॥ १८-७० ॥

bhramabhūtamidaṃ sarvaṃ kiñcinnāstīti niścayī
alakṣyasphuraṇaḥ śuddhaḥ svabhāvenaiva śāmyati

18.70

純淨者確知，一切皆產生於迷妄，
沒有任何東西存在。
不可被看見的那個已向他顯露，
他自然地享受著平靜。

18.70

誠知宇宙源於幻，
一切皆虛無實存；
離相之諦已彰顯，
清淨之人自安寧。

शुद्धस्फुरणरूपस्य दृश्यभावमपश्यतः ।
क्व विधिः क्व च वैराग्यं क्व त्यागः क्व शमोऽपि वा ॥ १८-७१ ॥

śuddhasphuraṇarūpasya dṛśyabhāvamapaśyataḥ
kva vidhiḥ kva ca vairāgyaṃ kva tyāgaḥ kva śamo'pi vā

18.71
本性純淨而閃耀的人，
不見有現象世界的對境，
[對他而言，] 軌則在哪？出離在哪？
棄捨在哪？制心又在哪？

18.71
本性純淨閃耀者，
不見對境現象界；
是故軌則及出離，
棄捨、制心又何在？

स्फुरतोऽनन्तरूपेण प्रकृतिं च न पश्यतः ।
क्व बन्धः क्व च वा मोक्षः क्व हर्षः क्व विषादिता ॥ १८-७२ ॥

sphurato'nantarūpeṇa prakṛtiṃ ca na paśyataḥ
kva bandhaḥ kva ca vā mokṣaḥ kva harṣaḥ kva viṣāditā

18.72
在無盡的形相中閃耀，
卻不見有世間[139]，
[對他而言，]束縛在哪？解脫在哪？
歡樂在哪？悲傷在哪？

18.72
彼於萬象中閃耀，
然於諸境無所見；
是故束縛與解脫，
歡樂、悲傷又何在？

....

139 prakṛti，見 15.8 頌註解。

बुद्धिपर्यन्तसंसारे मायामात्रं विवर्तते ।
निर्ममो निरहङ्कारो निष्कामः शोभते बुधः ॥ १८-७३ ॥

buddhiparyantasaṃsāre māyāmātraṃ vivartate
nirmamo nirahaṅkāro niṣkāmaḥ śobhate budhaḥ

18.73
輪迴僅由摩耶幻化而成，
直到明白了 [自性]。
智者無「我」，也無「我的」，
無欲無求，妙好莊嚴。

18.73
輪迴唯由摩耶成，
直至覺悟方得離；
智者無我無我所，
心無所求妙莊嚴。

अक्षयं गतसन्तापमात्मानं पश्यतो मुनेः ।
क्व विद्या च क्व वा विश्वं क्व देहोऽहं ममेति वा ॥ १८-७४ ॥

akṣayaṃ gatasantāpamātmānaṃ paśyato muneḥ
kva vidyā ca kva vā viśvaṃ kva deho'haṃ mameti vā

18.74

智者見到了自性，
那是不滅無盡、離於痛苦的。
[對他而言，] 明覺[140]在哪？宇宙在哪？
「我是身體」或「身體是我的」的感受在哪？

18.74

自性離苦永不滅，
聖者如是見此性；
是故明覺及宇宙，
「吾乃身」或「身屬吾」，
此等之念又何在？

140 vidyā，明瞭，學識，智慧，也特指吠陀的知識。它的反義詞為avidyā，即無明、愚癡（在《八曲仙人之歌》中，表示愚癡含義時，也常用 moha 一詞）。與 18.14 頌中第三句相對應。

निरोधादीनि कर्माणि जहाति जडधीर्यदि।
मनोरथान् प्रलापांश्च कर्तुमाप्नोत्यतत्क्षणात् ॥ १८-७५॥

nirodhādīni karmāṇi jahāti jaḍadhīryadi
manorathān pralāpāṃśca kartumāpnotyatatkṣaṇāt

18.75
愚者一旦放棄了——
壓伏［心意］這樣的修行，
欲望和胡言亂語，
就立刻開始了。

18.75
壓伏心意諸法門，
愚者但棄不修習，
種種欲望及戲論，
須臾之間隨即生。

मन्दः श्रुत्वापि तद्वस्तु न जहाति विमूढताम् ।
निर्विकल्पो बहिर्यत्नादन्तर्विषयलालसः ॥ १८-७६ ॥

mandaḥ śrutvāpi tadvastu na jahāti vimūḍhatām
nirvikalpo bahiryatnādantarviṣayalālasaḥ

18.76

愚者即使聽聞了真理，
也捨棄不了 [自己的] 愚癡。
儘管由於用功，外在貌似是無分別的，
但內在熱衷於感官對境。

18.76

愚者雖聞於真理，
亦不能捨其愚迷；
雖精勤似離分別，
於內仍貪迷欲境。

ज्ञानाद् गलितकर्मा यो लोकदृष्ट्यापि कर्मकृत् ।
नाप्नोत्यवसरं कर्तुं वक्तुमेव न किञ्चन ॥ १८-७७ ॥

jñānād galitakarmā yo lokadṛṣṭyāpi karmakṛt
nāpnotyavasaraṃ kartruṃ vaktumeva na kiñcana

18.77
由於智慧［顯露］，他的造作止息了，
哪怕在凡夫看來，他還在做事，
可他甚至連去做、
去說任何事情的機會都沒有。

18.77
智慧顯露造作止，
世人雖見彼有作，
然彼實則全無意，
不付言談或行動。

क्व तमः क्व प्रकाशो वा हानं क्व च न किञ्चन ।
निर्विकारस्य धीरस्य निरातङ्कस्य सर्वदा ॥ १८-७८ ॥

kva tamaḥ kva prakāśo vā hānaṃ kva ca na kiñcana
nirvikārasya dhīrasya nirātaṅkasya sarvadā

18.78
智者是不變的，
永遠無所畏懼。
[對他而言，] 黑暗在哪？光明在哪？
要捨去什麼？什麼都沒有。

18.78
定於慧者無改變，
任性放達常無畏；
是故黑暗或光明，
一物也無何可捨？

क्व धैर्यं क्व विवेकित्वं क्व निरातङ्कतापि वा ।
अनिर्वाच्यस्वभावस्य निःस्वभावस्य योगिनः ॥ १८-७९ ॥

kva dhairyaṃ kva vivekitvaṃ kva nirātaṅkatāpi vā
anirvācyasvabhāvasya niḥsvabhāvasya yoginaḥ

18.79
瑜伽士沒有個體性[141]，
其本性無法描述。
[對他而言，] 堅忍在哪？明辨在哪？
甚至無畏又在哪？

18.79
瑜伽士無個體性，
究其本性離言詮；
是故堅忍何所在？
明辨、無畏又何在？

141 niḥsvabhāva，沒有作為個人、個體的獨立實體性。

न स्वर्गो नैव नरको जीवन्मुक्तिर्न चैव हि।
बहुनात्र किमुक्तेन योगदृष्ट्या न किञ्चन ॥ १८-८० ॥

na svargo naiva narako jīvanmuktirna caiva hi
bahunātra kimuktena yogadṛṣṭyā na kiñcana

18.80
沒有天國，沒有地獄，
甚至沒有即生解脫。
何必還要多說什麼呢？
從瑜伽［的見地］來看[142]，沒有任何存在。

18.80
無有天國無地獄，
即身解脫亦復無，
何須多言列種種，
瑜伽見中萬法空。

142 yogadṛṣṭyā：yoga，瑜伽，「相應」之意；-dṛṣṭyā，在……的角度來看，對於……而言。此處的意思是，站在與自性相應的角度來看的話，沒有任何存在。

नैव प्रार्थयते लाभं नालाभेनानुशोचति।
धीरस्य शीतलं चित्तममृतेनैव पूरितम् ॥ १८-८१ ॥

naiva prārthayate lābhaṃ nālābhenānuśocati
dhīrasya śītalaṃ cittamamṛtenaiva pūritam

18.81

既不渴望得到，
也不因不得而苦惱。
智者的心是清涼的，
盛滿了甘露。

18.81

智者無求不思得，
不得亦不生苦惱；
其心淡泊自清涼，
醍醐甘露滿充盈。

न शान्तं स्तौति निष्कामो न दुष्टमपि निन्दति।
समदुःखसुखस्तृप्तः किञ्चित् कृत्यं न पश्यति॥ १८-८२॥

na śāntaṃ stauti niṣkāmo na duṣṭamapi nindati
samaduḥkhasukhastṛptaḥ kiñcit kṛtyaṃ na paśyati

18.82
無欲者不讚頌寂靜，
也不指責邪惡。
他在苦樂中平等，皆感滿足，
不見有任何事要做。

18.82
無欲者不讚寂靜，
亦不呵責諸邪惡；
苦樂平等心自足，
不見一事須成辦。

धीरो न द्वेष्टि संसारमात्मानं न दिदृक्षति।
हर्षामर्षविनिर्मुक्तो न मृतो न च जीवति॥ १८-८३ ॥

dhīro na dveṣṭi saṃsāramātmānaṃ na didṛkṣati
harṣāmarṣavinirmukto na mṛto na ca jīvati

18.83
智者不厭惡輪迴，
也不期望見到自性。
他遠離欣喜與嗔怒，
既不是死了，也不是活著。

18.83
智者不厭惡輪迴，
亦不希冀得見性；
彼於喜嗔俱遠離，
既非是生亦非死。

निःस्नेहः पुत्रदारादौ निष्कामो विषयेषु च ।
निश्चिन्तः स्वशरीरेऽपि निराशः शोभते बुधः ॥ १८-८४ ॥

niḥsnehaḥ putradārādau niṣkāmo viṣayeṣu ca
niścintaḥ svaśarīre'pi nirāśaḥ śobhate budhaḥ

18.84

不牽掛兒子、妻子，
不欲求感官對境，
甚至不在乎自己的身體，
智者遠離期盼，妙好莊嚴。

18.84

不為妻兒情束縛，
不貪不戀諸欲境，
智者於身亦無執，
離於希冀妙莊嚴。

तुष्टिः सर्वत्र धीरस्य यथापतितवर्तिनः ।
स्वच्छन्दं चरतो देशान् यत्रस्तमितशायिनः ॥ १८-८५॥

tuṣṭiḥ sarvatra dhīrasya yathāpatitavartinaḥ
svacchandaṃ carato deśān yatrastamitaśāyinaḥ

18.85
智者一切時處都滿足，
他隨緣而棲息，
從心所願地遊蕩於各地，
當太陽西下時，就地而休息。

18.85
智者處處皆自足，
怡然度日隨緣過；
從心所願四處遊，
日落西山就地臥。

पततूदेतु वा देहो नास्य चन्ता महात्मनः ।
स्वभावभूमविश्रान्तविस्मृताशेषसंसृतेः ॥ १८-८६ ॥

patatūdetu vā deho nāsya cintā mahātmanaḥ
svabhāvabhūmiviśrāntivismṛtāśeṣasaṃsṛteḥ

18.86

身體是倒下還是立起[143]，
聖雄並不在乎。
他在本性根基處休息，
徹底忘卻了輪迴。

18.86

此身得活或衰滅，
聖雄於此不掛懷；
輪迴已然徹忘卻，
本性根基處休歇。

143 patatūdetu：patatu，倒下；udetu，起立。此處指在輪迴中身體毀滅或出生。

अकञ्चिनः कामचारो नर्द्वन्द्वश्छिन्नसंशयः ।
असक्तः सर्वभावेषु केवलो रमते बुधः ॥ १८-८७ ॥

akiñcanaḥ kāmacāro nirdvandvaśchinnasaṃśayaḥ
asaktaḥ sarvabhāveṣu kevalo ramate budhaḥ

18.87
一無所有，隨性而行，
遠離二元對立，斬斷了疑惑。
他於一切對境都沒有執著，
智者純一無雜[144]，是快樂的。

18.87
一無所有任意行，
遠離二元疑惑盡；
於一切境無所執，
智者純一心安樂。

144 kevala，單獨的，唯一的，純粹的，絕對的，不混雜的。

निर्ममः शोभते धीरः समलोष्टाश्मकाञ्चनः ।
सुभिन्नहृदयग्रन्थिर्विनिर्धूतरजस्तमः ॥ १८-८८ ॥

nirmamaḥ śobhate dhīraḥ samaloṣṭāśmakāñcanaḥ
subhinnahṛdayagranthirvinirdhūtarajastamaḥ

18.88

智者妙好莊嚴，沒有「我的」，
對他來說，泥土、石頭和黃金都一樣。
他內心的結縛斷裂，
已淨除了羅闍和多磨[145]。

18.88

智者善妙無我所，
泥、石、黃金視等同；
其心結縛盡斬斷，
羅闍、多磨已淨除。

145 薩埵、羅闍、多磨是一切事物都有的三種屬性，稱為三德。薩埵即是明覺，而羅闍是明覺和無明的混合，多磨即是無明。

सर्वत्रानवधानस्य न किञ्चिद् वासना हृदि।
मुक्तात्मनो वितृप्तस्य तुलना केन जायते ॥ १८-८९ ॥

sarvatrānavadhānasya na kiñcid vāsanā hṛdi
muktātmano vitṛptasya tulanā kena jāyate

18.89
於一切時處，漠然平等，
心中沒有了任何的習氣，
解脫的靈魂安樂滿足，
誰能與之相比呢？

18.89
於諸一切平等視，
心中習氣盡無存；
解脫之人樂知足，
更有何人堪比肩？

जानन्नपि न जानाति पश्यन्नपि न पश्यति।
ब्रुवन्न् अपि न च ब्रूते कोऽन्यो निर्वासनादृते ॥ १८-९० ॥

jānannapi na jānāti paśyannapi na paśyati
bruvann api na ca brūte ko'nyo nirvāsanādṛte

18.90
知而無知，
見而無見，
說而無說，
除了習氣淨除的人，誰還能如此？

18.90
知而無知常了了，
見而無見卻分明，
說而無說是真說，
除覺者[146]外誰如此？

146 nirvāsanād，指淨除了習氣的人。為了簡潔，譯成「覺者」。

भक्षिुर्वा भूपतर्िवापि यो नष्किामः स शोभते ।
भावेषु गलति यस्य शोभनाशोभना मतः ॥ १८-९१ ॥

bhikṣurvā bhūpatirvāpi yo niṣkāmaḥ sa śobhate
bhāveṣu galitā yasya śobhanāśobhanā matiḥ

18.91
無論當乞丐還是當國王，
離欲之人都妙好莊嚴，
他對於對境的善及不善的見解，
都已消融殆盡。

18.91
或為乞丐或為王，
無求之人皆莊嚴；
彼於善惡之分別，
取捨之心盡消亡。

क्व स्वाच्छन्द्यं क्व सङ्कोचः क्व वा तत्त्वविनिश्चयः ।
निर्व्याजार्जवभूतस्य चरितार्थस्य योगिनः ॥ १८-९२ ॥

kva svācchandyaṃ kva saṅkocaḥ kva vā tattvaviniścayaḥ
nirvyājārjavabhūtasya caritārthasya yoginaḥ

18.92

瑜伽士圓滿了生命目標，
他是無偽清靜的化現。
[對他而言，]放逸在哪？克制在哪？
對真理的定見又在哪？

18.92

臻至圓滿瑜伽士，
無染純直性化現；
是故放逸或攝念，
真諦之見又何在？

आत्मविश्रान्तितृप्तेन निराशेन गतार्तिना ।
अन्तर्यदनुभूयेत तत् कथं कस्य कथ्यते ॥ १८-९३ ॥

ātmaviśrāntitṛptena nirāśena gatārtinā
antaryadanubhūyeta tat kathaṃ kasya kathyate

18.93
超越了痛苦的無欲之人，
滿足於在自性中休息。
他的內在體驗該如何描述？
又向誰描述呢？

18.93
無求之人離諸苦，
得棲自性自滿足；
彼之內在自證境，
如何描述？向誰說？

सुप्तोऽपि न सुषुप्तौ च स्वप्नेऽपि शयितो न च ।
जागरेऽपि न जागर्ति धीरस्तृप्तः पदे पदे ॥ १८-९४ ॥

supto'pi na suṣuptau ca svapne'pi śayito na ca
jāgare'pi na jāgarti dhīrastṛptaḥ pade pade

18.94

沉睡時沒有睡著，
做夢時沒有入眠，
清醒時沒有醒著，
智者在一切情形下都是滿足的。

18.94

於沉睡位未昏昧，
於夢位而未入眠，
於醒位而非清醒，
智者時時皆滿足。

ज्ञः सचिन्तोऽपि निश्चिन्तः सेन्द्रियोऽपि निरिन्द्रियः ।
सुबुद्धिरपि निर्बुद्धिः साहङ्कारोऽनहङ्कृतिः ॥ १८-९५ ॥

jñaḥ sacinto'pi niścintaḥ sendriyo'pi nirindriyaḥ
subuddhirapi nirbuddhiḥ sāhaṅkāro'nahaṅkṛtiḥ

18.95

了知［自性］者[147]，思考而離於念頭，
用感官而離於感官，
具心智而離於心智，
有自我而離於自我。

18.95

徹明真知見性者，
動心念而離心念，
用感官而離感官，
具心智而離心智，
有自我而離自我。

147 jña，有智慧的人，了知者，得悟者。

न सुखी न च वा दुःखी न विरक्तो न सङ्गवान् ।
न मुमुक्षुर्न वा मुक्ता न किञ्चिन्न च किञ्चन ॥ १८-९६ ॥

na sukhī na ca vā duḥkhī na virakto na saṅgavān
na mumukṣurna vā muktā na kiñcinnna ca kiñcana

18.96
他不快樂也不悲苦，
非離染也非愛染，
不尋求解脫，也非解脫者，
不是這個也不是那個。

18.96
無有悲傷亦無喜，
非離執著非染著，
非求解脫非已脫，
既非是此亦非彼。

विक्षेपेऽपि न विक्षिप्तः समाधौ न समाधिमान् ।
जाड्येऽपि न जडो धन्यः पाण्डित्येऽपि न पण्डितः ॥ १८-९७ ॥

vikṣepe'pi na vikṣiptaḥ samādhau na samādhimān
jāḍye'pi na jaḍo dhanyaḥ pāṇḍitye'pi na paṇḍitaḥ

18.97
在散亂時，也不散亂；
在禪定中，也不禪定；
在昏沉時，也不昏沉；
有福之人雖學識豐富，也一無所知。

18.97
福人散亂亦不散，
雖在定中亦不定，
雖處昏沉亦不昧，
雖博學亦無所知。

मुक्तो यथास्थितिस्वस्थः कृतकर्तव्यनिर्वृतः ।
समः सर्वत्र वैतृष्ण्यान्न स्मरत्यकृतं कृतम् ॥ १८-९८ ॥

mukto yathāsthitisvasthaḥ kṛtakartavyanirvṛtaḥ
samaḥ sarvatra vaitṛṣṇyānna smaratyakṛtaṃ kṛtam

18.98

解脫者在一切情形下都安住自性，
從「已做」和「該做」中解脫了出來，
在一切時處都無不同，並遠離欲望，
不再記得做過什麼、沒做過什麼。

18.98

解脫者處一切境，
皆能安住於自性；
所做當做不能縛，
在在處處無不同；
離欲自在無所求，
已辦未辦渾不憶。

न प्रीयते वन्द्यमानो निन्द्यमानो न कुप्यति।
नैवोद्विजति मरणे जीवने नाभिनन्दति ॥ १८-९९ ॥

na prīyate vandyamāno nindyamāno na kupyati
naivodvijati maraṇe jīvane nābhinandati

18.99
被讚美不覺得高興，
被責備不感到嗔怒。
他不恐懼於死亡，
也不欣喜於生命。

18.99
不因讚譽而歡喜，
不因受謗而嗔怒；
彼於生命不欣喜，
無常死亡亦不懼。

न धावति जनाकीर्णं नारण्यमुपशान्तधीः ।
यथातथा यत्रतत्र सम एवावतिष्ठते ॥ १८-१०० ॥

na dhāvati janākīrṇaṃ nāraṇyamupaśāntadhīḥ
yathātathā yatratatra sama evāvatiṣṭhate

18.100
既不尋求人群，
也不尋求荒林。平息了思慧抉擇[148]，
無論在何種情況、無論在何地，
都是一樣的。

18.100
不尋人群之喧囂，
不求遠遁於荒林；
彼人抉擇心不起，
在在處處皆一如。

148 dhī：思考，意向，意見，洞察，指的是分別、觀察、決策的思維能力。17.8 頌中也有出現。

第十九章

性中休歇

जनक उवाच ॥

तत्त्वविज्ञानसन्दंशमादाय हृदयोदरात् ।
नाविधिपरामर्शशल्योद्धारः कृतो मया ॥ १९-१ ॥

janaka uvāca
tattvavijñānasandaṃśamādāya hṛdayodarāt
nāvidhaparāmarśaśalyoddhāraḥ kṛto mayā

迦納卡說：

19.1
用究竟智慧[149]的鉗夾，
從內心最深處，
各種知見之刺，
被我拔除了。

迦納卡云：

19.1
究竟智慧似鉗夾，
錯知亂見如毒刺；
吾已使用真理鉗，
拔盡心底知見刺。

149 vijñāna，詳見 14.2 頌註解。

क्व धर्मः क्व च वा कामः क्व चार्थः क्व वविकिता ।

क्व द्वैतं क्व च वाऽद्वैतं स्वमहम्निा स्थतिस्य मे ॥ १९-२ ॥

kva dharmaḥ kva ca vā kāmaḥ kva cārthaḥ kva vivekitā

kva dvaitaṃ kva ca vā'dvaitaṃ svamahimni sthitasya me

19.2

善法在哪？愛欲在哪？

名利在哪？明辨在哪？

二元對立在哪？不二又在哪？

我安住在本具的威嚴[150]中。

19.2

善法、愛欲及利祿，

明辨、二元及不二，

此等諸類今何在？

本具威嚴吾安住。

150 sva-mahimni：sva，自己的，本具的；mahimni，威嚴，強大有力。

क्व भूतं क्व भविष्यद् वा वर्तमानमपि क्व वा ।
क्व देशः क्व च वा नित्यं स्वमहिम्नि स्थितस्य मे ॥ १९-३ ॥

kva bhūtaṃ kva bhaviṣyad vā vartamānamapi kva vā
kva deśaḥ kva ca vā nityaṃ svamahimni sthitasya me

19.3

過去在哪？未來在哪？
甚至現在又在哪？
空間在哪？永恆又在哪？
我安住在本具的威嚴中。

19.3

過去、未來及現在，
時間、空間何所在？
甚或「永恆」又何在？
本具威嚴吾安住。

क्व चात्मा क्व च वानात्मा क्व शुभं क्वाशुभं यथा ।
क्व चिन्ता क्व च वाचिन्ता स्वमहिम्नि स्थितस्य मे ॥ १९-४ ॥

kva cātmā kva ca vānātmā kva śubhaṃ kvāśubhaṃ yathā
kva cintā kva ca vācintā svamahimni sthitasya me

19.4
自性在哪？非自性在哪？
善在哪？惡在哪？
有念在哪？無念又在哪？
我安住在本具的威嚴中。

19.4
自性亦或非自性，
善惡、有念或無念，
此等諸類今何在？
本具威嚴吾安住。

क्व स्वप्नः क्व सुषुप्तिर्वा क्व च जागरणं तथा ।
क्व तुरीयं भयं वापि स्वमहिम्नि स्थितस्य मे ॥ १९-५॥

kva svapnaḥ kva suṣuptirvā kva ca jāgaraṇaṃ tathā
kva turīyaṃ bhayaṃ vāpi svamahimni sthitasya me

19.5

夢位在哪？沉睡位在哪？
醒位又在哪？
即使是第四位[151]或恐懼在哪？
我安住在本具的威嚴中。

19.5

夢、睡、醒，及第四位，
此等諸位今何在？
種種恐懼皆不存，
本具威嚴吾安住。

151 turīya，字面意義為「第四」，指的是超越了醒、夢、睡三位的第四種「狀態」，這是前三位的基礎，又稱為「超越位」。

क्व दूरं क्व समीपं वा बाह्यं क्वाभ्यन्तरं क्व वा ।
क्व स्थूलं क्व च वा सूक्ष्मं स्वमहिम्नि स्थितस्य मे ॥ १९-६ ॥

kva dūraṃ kva samīpaṃ vā bāhyaṃ kvābhyantaraṃ kva vā
kva sthūlaṃ kva ca vā sūkṣmaṃ svamahimni sthitasya me

19.6
遠在哪？近在哪？
內在哪？外在哪？
粗重在哪？精微又在哪？
我安住在本具的威嚴中。

19.6
遠近之別何處覓？
內外又有何相異？
粗重、精微復何別？
本具威嚴吾安住。

क्व मृत्युर्जीवितं वा क्व लोकाः क्वास्य क्व लौककिम् ।
क्व लयः क्व समाधिर्वा स्वमहिम्नि स्थितिस्य मे ॥ १९-७ ॥

kva mṛtyurjīvitaṃ vā kva lokāḥ kvāsya kva laukikam
kva layaḥ kva samādhirvā svamahimni sthitasya me

19.7

死亡在哪？生命在哪？
諸多世界在哪？塵世[152]在哪？
昏沉在哪？三摩地在哪？
我安住在本具的威嚴中。

19.7

出生、死亡安在耶？
諸界、塵世安在耶？
昏沉、禪定又何在？
本具威嚴吾安住。

152 laukika，日常生活，凡俗，凡夫，世間之事。

अलं त्रविर्गकथया योगस्य कथयाप्यलम् ।
अलं वज्ञिानकथया वश्रिान्तस्य ममात्मन॥ १९-८ ॥

alaṃ trivargakathayā yogasya kathayāpyalam
alaṃ vijñānakathayā viśrāntasya mamātmani

19.8

不需要談論三種 [目標][153]，
沒必要談論瑜伽，
連究竟智慧都無需談論，
我休息於自性之中。

19.8

三種目標何須論，
瑜伽修行何須論，
究竟智慧何須論，
吾於自性中休歇。

153 tri-varga：tri，三；varga，集合，群體，譯為「品」、「群」、「部」、「類」等。此處幾乎所有英譯本都認為是指人生的四大目標中的前三大，即愛欲、名利、善法，而第四大目標則為解脫，對應後文提到的「瑜伽」。但也可以是指印度吠檀多常談及的三種修行道路，即行動道、虔敬道和智慧道。

第二十章

即身解脫

जनक उवाच ॥

क्व भूतानि क्व देहो वा क्वेन्द्रियाणि क्व वा मनः ।
क्व शून्यं क्व च नैराश्यं मत्स्वरूपे निरञ्जने ॥ २०-१ ॥

janaka uvāca
kva bhūtāni kva deho vā kvendriyāṇi kva vā manaḥ
kva śūnyaṃ kva ca nairāśyaṃ matsvarūpe nirañjane

迦納卡說：

20.1
五大元素在哪？身體在哪？
感官在哪？心在哪？
空在哪？斷念[154]在哪？
我本來就無染。

迦納卡云：

20.1
五大何在？身何在？
感官何在？心何在？
斷念何在？空何在？
吾本從來無染著。

154 nairāśya，絕望、斷念。

क्व शास्त्रं क्वात्मविज्ञानं क्व वा निर्विषयं मनः ।
क्व तृप्तिः क्व वितृष्णात्वं गतद्वन्द्वस्य मे सदा ॥ २०-२ ॥

kva śāstraṃ kvātmavijñānaṃ kva vā nirviṣayaṃ manaḥ
kva tṛptiḥ kva vitṛṣṇātvaṃ gatadvandvasya me sadā

20.2

經文在哪？自性了知在哪？
不執著於感官對境的心在哪？
滿足在哪？無欲在哪？
我從來就沒有二元感。

20.2

經文、見性安在耶？
無執之心安在耶？
滿足、無欲又何在？
二元之感吾本無。

क्व वद्िया क्व च वावद्िया क्वाहं क्वेदं मम क्व वा ।

क्व बन्ध क्व च वा मोक्षः स्वरूपस्य क्व रूपिता ॥ २०-३ ॥

kva vidyā kva ca vāvidyā kvāhaṃ kvedaṃ mama kva vā

kva bandha kva ca vā mokṣaḥ svarūpasya kva rūpitā

20.3

明覺在哪？無明在哪？[155]

「我」在哪？「這個」在哪？「我的」在哪？

束縛在哪？解脫在哪？

我的本性哪有什麼相狀？

20.3

明覺、無明安在耶？

「我」「此」「我所」安在耶？

束縛、解脫又何在？

吾之本性何相狀？

155 vidyā，明覺；āvidyā，無明。

क्व प्रारब्धानि कर्माणि जीवन्मुक्तिरपि क्व वा ।
क्व तद् विदेहकैवल्यं निर्विशेषस्य सर्वदा ॥ २०-४ ॥

kva prārabdhāni karmāṇi jīvanmuktirapi kva vā
kva tad videhakaivalyaṃ nirviśeṣasya sarvadā

20.4
宿業在哪？
即身解脫在哪？
無身解脫[156]又在哪？
我從來無有分別。

20.4
宿業串習安在耶？
即身解脫安在耶？
無身解脫又何在？
吾本從來無分別。

156 videha kaivalyam，無身解脫。videha，沒有身體，即死亡後；kaivalyam，遠離、解脫。「無身解脫」指的是在肉體死後達到解脫。

क्व कर्ता क्व च वा भोक्ता निष्क्रियं स्फुरणं क्व वा ।
क्वापरोक्षं फलं वा क्व निःस्वभावस्य मे सदा ॥ २०-५॥

kva kartā kva ca vā bhoktā niṣkriyaṃ sphuraṇaṃ kva vā
kvāparokṣaṃ phalaṃ vā kva niḥsvabhāvasya me sadā

20.5
做者在哪？受者在哪？
無作[157] 在哪？遍照在哪？
直接了知在哪？果[158] 在哪？
我從來不是個體。

20.5
做者、受者安在耶？
無作、遍照安在耶？
洞見、果報又何在？
吾本從來非個體。

....

157 niṣkriya，見 1.15 頌注釋。

158 phala，果實、結果、果報。

क्व लोकं क्व मुमुक्षुर्वा क्व योगी ज्ञानवान् क्व वा ।
क्व बद्धः क्व च वा मुक्तः स्वस्वरूपेऽहमद्वये ॥ २०-६ ॥

kva lokaṃ kva mumukṣurvā kva yogī jñānavān kva vā
kva baddhaḥ kva ca vā muktaḥ svasvarūpe'hamadvaye

20.6

世界在哪？求解脫者在哪？
瑜伽士在哪？智者在哪？
束縛者在哪？解脫者在哪？
我自己的本來面目乃不二。

20.6

世界、求道者何在？
智者、瑜伽士何在？
縛者、脫者又何在？
吾之本性乃不二。

क्व सृष्टिः क्व च संहारः क्व साध्यं क्व च साधनम् ।
क्व साधकः क्व सिद्धिर्वा स्वस्वरूपेऽहमद्वये ॥ २०-७ ॥

kva sṛṣṭiḥ kva ca saṃhāraḥ kva sādhyaṃ kva ca sādhanam
kva sādhakaḥ kva siddhirvā svasvarūpe'hamadvaye

20.7

生成在哪？毀滅在哪？
[修行的]目標在哪？修行在哪？
修行者在哪？成就[159]在哪？
我自己的本來面目乃不二。

20.7

創造、毀滅安在耶？
目標、修行安在耶？
修者、成就又何在？
吾之本性乃不二。

159 siddhi，音譯為「悉地」，特指修行圓滿達到的成就。

क्व प्रमाता प्रमाणं वा क्व प्रमेयं क्व च प्रमा ।
क्व किञ्चित् क्व न किञ्चिद् वा सर्वदा विमलस्य मे ॥ २०-८ ॥

kva pramātā pramāṇaṃ vā kva prameyaṃ kva ca pramā
kva kiñcit kva na kiñcid vā sarvadā vimalasya me

20.8
認知者在哪？認知的方法[160]在哪？
認知對象在哪？認知本身在哪？
有什麼在哪？無什麼在哪？
我從來無垢。

20.8
量者與量安在耶？
所量、正量安在耶？
有物、無物又何在？
吾本從來無垢染。

160 pramāṇa，量，度量，指的是認知的方法，這一詞彙後來在佛教教義中被廣泛採用。pramātā，度量、認知的人。

क्व वक्षिेपः क्व चैकाग्र्यं क्व नर्िबोधः क्व मूढता ।

क्व हर्षः क्व वषिादो वा सर्वदा नष्िक्रयिस्य मे ॥ २०-९ ॥

kva vikṣepaḥ kva caikāgryaṃ kva nirbodhaḥ kva mūḍhatā

kva harṣaḥ kva viṣādo vā sarvadā niṣkriyasya me

20.9

散亂在哪？專注在哪？

無覺[161]在哪？愚迷在哪？

快樂在哪？悲傷在哪？

我從來無作。

20.9

散亂、專注安在耶？

無覺、愚迷安在耶？

喜樂、悲苦又何在？

吾本從來無作為。

161 nirbodha：nir，無；bodha，覺、知。字面意思是無覺知。

क्व चैष व्यवहारो वा क्व च सा परमार्थता ।
क्व सुखं क्व च वा दुखं निर्विमर्शस्य मे सदा ॥ २०-१० ॥

kva caiṣa vyavahāro vā kva ca sā paramārthatā
kva sukhaṃ kva ca vā dukhaṃ nirvimarśasya me sadā

20.10

世俗之法在哪？
究竟義諦在哪？
快樂在哪？痛苦在哪？
我從來離於思議[162]。

20.10

世間之法安在耶？
究竟義諦安在耶？
或苦或樂又何在？
吾本從來離思議。

162 vimarśa，思量，猶豫，疑。

क्व माया क्व च संसारः क्व प्रीतिर्विरतिः क्व वा ।
क्व जीवः क्व च तद्ब्रह्म सर्वदा वमिलस्य मे ॥ २०-११ ॥

kva māyā kva ca saṃsāraḥ kva prītirviratiḥ kva vā
kva jīvaḥ kva ca tadbrahma sarvadā vimalasya me

20.11
摩耶在哪？輪迴在哪？
愛悅在那？捨離在哪？
個體在哪？梵又在哪？
我從來無垢。

20.11
摩耶、輪迴安在耶？
執取、離執安在耶？
個體何在？梵何在？
吾本從來無垢染。

क्व प्रवृत्तिर्निर्वृत्तिर्वा क्व मुक्तिः क्व च बन्धनम् ।
कूटस्थनिर्विभागस्य स्वस्थस्य मम सर्वदा ॥ २०-१२ ॥

kva pravṛttirnirvṛttirvā kva muktiḥ kva ca bandhanam
kūṭasthanirvibhāgasya svasthasya mama sarvadā

20.12
有為在哪？無為在哪？
解脫在哪？束縛在哪？
我不變易，不可分，
永遠安住自性。

20.12
有為、無為安在耶？
解脫、束縛又何在？
吾無變易不可分，
清淨自性恆安住。

क्वोपदेशः क्व वा शास्त्रं क्व शिष्यः क्व च वा गुरुः ।
क्व चास्ति पुरुषार्थो वा निरुपाधेः शिवस्य मे ॥ २०-१३ ॥

kvopadeśaḥ kva vā śāstraṃ kva śiṣyaḥ kva ca vā guruḥ
kva cāsti puruṣārtho vā nirupādheḥ śivasya me

20.13
教言在哪？經論在哪？
弟子在哪？上師在哪？
生命的目標在哪？
我是妙善[163]，無形無相。

20.13
教言、經論安在耶？
弟子、上師安在耶？
人生目標又何在？
吾即妙善無相狀。

163 śiva，仁慈的、吉祥的、幸福的。古代譯師將此梵文譯為「柔善」、「寂靜」、「清涼」、「常樂」、「吉祥」等。又可音譯為「濕婆」，即印度三大主神之一，但此處並非指濕婆神，只是取其梵文原意。《八曲仙人之歌》前文 16.11 頌提到濕婆神，但是以「訶羅」（Hara）而稱之。

क्व चास्ति क्व च वा नास्ति क्वास्ति चैकं क्व च द्वयम् ।
बहुनात्र किमुक्तेन किञ्चिन्नोत्तिष्ठते मम ॥ २०-१४ ॥

kva cāsti kva ca vā nāsti kvāsti caikaṃ kva ca dvayam
bahunātra kimuktena kiñcinnottiṣṭhate mama

20.14
有在哪？無在哪？
一在哪？二在哪？
還要多說什麼呢？
沒有什麼從我而生。

20.14
有耶無耶安在耶？
一耶二耶又何在？
於此何須更多言？
無有一法從吾生。

譯後記：

《八曲仙人之歌》中的關鍵詞彙

《八曲仙人之歌》由迦納卡的三個提問而觸發：「云何獲眞知？云何得解脫？云何離執著？」而八曲仙人回答道，若想要解脫，就要知道以下這一關鍵：

自性見證這所有一切，它就是覺性[1]。要解脫，就需要瞭解這個。

eṣāṁ(of these) sākṣiṇam(the witness) ātmānaṁ(self) cid(consciousness)-rūpaṁ(consisting of) viddhi(know this) muktaye(for freedom)[2]

這裡提到了兩個詞：自性（ātman）、覺性（cit）。可以說，明白了這兩個詞，就是明白了《八曲仙人之歌》的主旨。「自性」描述的是那個見證者，乃是「體」；而「覺」，側重於描述它能覺能知的功用。

在 1.12 頌中，對此有闡述：

自性是見證者，遍在而圓滿，它獨一、自由、能覺、無作爲。

ātmā(self) sākṣī(witness) vibhuḥ(pervading) pūrṇa(all) eko(one) muktaś(free) cid(consciousness) akriyaḥ(actionless)

此處的「能覺」梵文爲 cit，和「獨一」、「自由」、「無作爲」一起，是對於自性（ātman）的各種面向的描述。

1 原文名詞為梵文 cit，指的是「覺知」、「能夠覺知」之意。此處 cit 後接的 -rūpam，指的是「具備……的特性」，故譯為「覺性」。

2 這裡引用的梵文羅馬轉寫及分詞英文註釋出自 Ananda Wood 的 *Ashtavakra Gita*，略有修訂。

cit 所強調的面向，即「能覺能知」，故譯爲「能覺」。

同樣表示「覺知」的還有一個梵語詞彙，那就是 bodha[3]。bodha 和 cit 一樣，在《八曲仙人之歌》中反覆出現，比如 1.10 頌中的 bodhas(consciousness) tvam(you)，「你就是覺性」；還有 1.9 頌、1.14 頌、2.1 頌及 11.6 頌中反覆提到的 bodho(consciousness)-'ham(I am)，「我是覺性」。

下面我們就具體分析一下這幾個關鍵詞彙。

一 . 自性：ātman

毫不誇張地說，要想把 ātman 這個詞說透，就是梳理了一遍長達千年的印度教和佛教的教義之辨，不是一篇短短的譯後記能胜任的。此處我們只略談一下《八曲仙人之歌》中的 ātman，以及中國禪宗爲何以「自性」來指稱「佛性」或「主人公」，這就能解釋我們爲何採用「自性」來翻譯 ātman。

梵文的 ātman 是一個名詞，表示的是「我」、「自身」、「本質」之意，在英文中，等同於 Self（S 大寫）。我們將之翻譯成「自性」，是延續了中國古代禪宗的用語習慣[4]，即六祖惠能大師在徹悟時所說的「何期自性，本

3 bodha 意為「清醒的有覺察的狀態」、「理解」、「領悟」，在佛經中被翻譯為「覺」、「知」或者音譯「菩提」。它的原詞為 budh，指的是睡醒的、有知覺，理解、知道，這一詞根變位之後形成了許多我們耳熟能詳的詞彙，比如 buddha，即「佛陀」一詞的梵文原文，意為「覺醒之人」、「了悟的人」，還比如 bodhi，即佛經中更為普遍的「菩提」的原文，「覺悟」之意。

4 中文的「自性」一詞，在常見的情況下，所對應的梵文是 svabhāva，它所指的是事物實際存在的特性，這並不是個正面的詞彙，是擁有智慧的修行者需要否定的對象。特別是在中觀派中，因為一切萬法本質為空，故「無自性」。另外，還有一種相對少見的情況，「自性」也是梵文 prakṛti 的中譯。prakṛti 是古老的數論派哲學術語，這一概念的提出先於佛教形成之前，指的是宇宙尚未形成之前的原初

自清淨；何期自性，本不生滅；何期自性，本自具足；何期自性，本無動搖；何期自性，能生萬法」這番話中的「自性」。而且，將惠能大師對自性的讚美之詞拆開來看，清淨、不生滅、本自具足、無動搖、能生萬法，與《八曲仙人之歌》中對 ātman 的描繪如出一轍。

中國禪宗的用語深受《大般涅槃經》、《入楞伽經》、《勝鬘經》等諸多宣說「眾生皆具佛性」的大乘經典影響，在這些經典的漢譯中，經常出現「自性」一詞，比如，「一切眾生自性清淨」(《勝鬘經》)，「如來藏自性清淨」(《入楞伽經》) 等，雖然這幾句代表性的佛經引文中「自性」的梵文原文並不是 ātman[5]，但是在禪宗對「眾生自性清淨」這一圓頓教義的弘揚進程中，「自性」成爲了「佛性」的同義詞，甚至更加簡化，被禪師們直呼爲「性」，比如《神會語錄》中所說的「性在身心存，性去身心壞」。

特別要提到的是，公元五世紀《大般涅槃經》傳入中國，對中國整個大乘佛法造成了深遠的影響，其中所闡述的涅槃具「常樂我淨」四德，反轉了小乘佛教的「苦集滅道」之說，尤其是對「我」的肯定，對當時奉「無我」(anātman) 爲圭臬的中國佛教徒造成了極大沖擊。在《大般涅槃經》的《如來性品》（北涼天竺三藏

物質基礎，南北朝時期的翻譯家真諦法師曾翻譯了數論派的《金七十論》，他將 prakṛti 和與之相對的陽性的原人（purusha），分別譯為「自性」和「神我」。讀者們需要明白，禪宗所說的「自性」，和這兩種意義上的「自性」並不一樣。prakṛti 一詞在《八曲仙人之歌》中也有出現，如 2.1 頌中說「我超越了 prakṛti」，我們將之譯為了「原質」。

5 《入楞伽經》中「如來藏自性清淨」的「自性」原梵文為 prakṛti 和 adi ，是作為副詞來強調「原本、最初」是清淨的。《勝鬘經》的梵文原本已散失，但根據其他佛典的譯法推測，此處原文大概率為 svabhāva，指的是「本質」。

曇無讖譯）中，佛陀明確指明了「佛性」即是「我」：「佛言：『善男子！我者即是如來藏義。一切眾生悉有佛性，即是我義。』」而這裡的「我」，梵文原文即是 ātman[6]。

《八曲仙人之歌》非常契合佛教的如來藏思想及禪宗的教義，這在三不叟禪師的講解中（參見《你就是覺性》），已經得到了詳細而且充分的闡明，我們也無需畫蛇添足地再做闡述。這篇譯後記只是與讀者分享我們作爲翻譯者在細讀《八曲仙人之歌》梵文原文、斟酌中譯本用語的過程中的一個發現：《八曲仙人之歌》與禪宗歷代祖師們在對「自性」進行描述時，用詞有著驚人的一致。有一些法友建議我們將這些相似之處收錄在書中，爲寂寞的禪宗祖庭稍微引來一些關注，或許能吸引更多讀者繼續一探禪宗的堂奧。

感興趣的讀者可參見書末的表格：「《八曲仙人之歌》與中國禪師法語對照表」。其中所摘錄出來禪師的語錄，只是類似的說法中的滄海一粟，但也足夠呈現禪師們與八曲仙人「達者同遊涅槃路」的相契了。

二 . 覺：cit，bodha

cit 有「了知」、「能覺知」的意思，在《八曲仙人之歌》中頻繁出現，並常加以修飾、限定，來指出這

6 《大般涅槃經》的梵文只剩殘片，但大多都與中文譯本符合。德國漢堡大學研究員 Stephen Hodge 在他的論文 *The Mahāyāna Mahāparinirvāṇa-sūtra: The Text and Its Transmission*（2010 年在慕尼黑大學舉辦的第二屆全球《大般涅槃經》研討會上提交）中詳細分析了兩個中文譯本（東晉沙門法顯共天竺沙門覺賢譯本，及北涼天竺三藏曇無讖譯本），確定《大般涅槃經》中的「我者即是如來藏義」中的「我」，原文應是 ātman，並認為《涅槃經》中原文出現 ātman 的頻率更高，但在多處被中譯本修正為「如來藏」（tathāgata-garbha）或「佛性」（buddha-dhātu）。

一「覺知」並不是二元對立的頭腦的覺知，比如 cin-mātra，就是以 mātra（唯有、純然）來修飾 cit，突出這是「純然之覺」。cit 和 bodha 這兩個詞彙都常被英譯譯爲 consciousness[7]，這就導致了一些根據英譯本而來的《八曲仙人之歌》中譯本錯誤地將此譯爲「意識」，這是一個很重大的誤譯，因爲對應中文的「意識」的梵文，應是 citta 和 manas，其英譯爲 mind，指的是頭腦層面的機制，與「純然之覺」是涇渭分明的。

cit 的另一個衍生變位名詞爲 caitanya，《八曲仙人之歌》中出現過兩次（3.4 頌及 9.6 頌），尤其是 3.4 頌中的 śuddha-caitanyam，śuddha 爲「純淨」之意，強調這一覺知是純淨的——「純淨的覺知」其實就是「能知」、「能覺」，也就是能夠覺知的力量，而不是所認知的對象。在印度吠檀多的其他經典中，我們發現了先賢們對此有清晰的闡述，他們指出 caitanya 所側重的乃是「能知」的力量與驅動作用的一面，所以我們將 caitanya 譯爲「覺力」。

此外，同樣有「覺知」這一意思的還有 budh 的變位及衍生詞，比如 bodha、bodhātmā、buddha 等。budh 指的是「醒著、觀察、知道」，bodha 爲其名詞形式，《八曲仙人之歌》中反覆出現 bodho'ham，即「我就是覺性」之意。buddha 一詞，指的是「覺醒的狀態」、「覺醒的人」，也就是「佛陀」一詞對應的梵文原文，在《八曲仙人之歌》中，buddha 指的是「覺醒的、有了知能力的狀態」，比如 1.16 頌中出現了 śuddha-buddha 的說法，與 śuddha-caitanyam 意思近似，都是強調覺

7 另外被英譯為 consciousness 的梵文詞彙還有 sphur（見 Swami Nityaswarupananda 和 Swami Shantananda Puri 的英譯本），但這一梵文的直譯意思是閃爍、顯現、遍照。這也顯示了英文在靈修方面表述語言的匱乏與單調。

知的純淨、不落二元。[8]

bodha 和 cit 的意思近似，如果一定要指出區別的話，只能說 bodha 的原詞 budh 指的是非睡著的清醒狀態，所以 bodha 更側重於指醒位狀態中所擁有的覺知，更強調「瞭解」、「明白」的智慧能力，所以 bodha 也常被英譯爲 knowledge。在我們的譯本中，cit 和 bodha 二詞並不做嚴格區分，都被譯成「覺」或「覺性」，當它們用來描述 ātman 的能知能覺的功能面向時，我們譯成了「能知」、「能覺」。

三 . 其他詞彙

(1) sva-rūpa

中國禪宗之人喜愛說的「本來面目」，在《八曲仙人之歌》中也有相對應的詞彙，那就是 sva-rūpa：sva 指自己，rūpa 是容色、面貌、形貌，也有特質、性質的意思。所以 sva-rūpa 就是指「自己的本來面目」、「眞實本性」、「眞實自性」。

(2) vijñāna

vijñāna 在佛教教義中被貶爲雜染之識，但是在印度教中，則認爲它勝於 jñāna（智慧），可以稱之爲「究竟智慧」[9]。在英譯本中，vijñāna 通常被譯成 Supreme Knowledge（至上智慧），是高於 jñāna 所表達的 Knowledge 或 Wisdom 的。這些都是具有佛教背景的讀者閱讀印度教經典需要注意的地方。

8 另外，還有 budha 一詞，指的是「有理解力的人」、「聰明的人」，《八曲仙人之歌》在第十八章中反覆用 budha 一詞來稱呼了悟者。

9 印度教的經典《薄伽梵歌》中就對此作了明確區分，第七章的標題就是以 jñāna 和 vijñāna 並列，並在這一章中提及了二者的區別。

總結

這篇譯後記，接在簡潔樸實的《八曲仙人之歌》之後，頗有狗尾續貂的味道。但很不幸的是，這就是我們這一代華語讀者所處的文化現實。語言，承載著人類歷史過往的文化記憶，但又一次次地，在世代交替中，遺失曾經的本懷。希望未來的讀者，能夠撥開文字名相造成的思維阻隔，真正覷見內含的意趣。不要一看到「我」字，便躲之唯恐不及；看到「梵」字，便高呼其為外道。這樣也只是落入了另一種陷阱而已。

《八曲仙人之歌》與古代禪師

法語對照表

(一)自性最根本的作用是具有「覺」(cit，或 bodha)的能力，但這種「覺」，是超越了二元、主客體認知的「覺」，所以可以譯為「覺性」，以有別於庸常的覺知。

例

1.3　自性見證此一切，彼即本具之覺性。

1.12　自性實乃見證者，遍在、圓滿且獨一，
自由、能覺亦無為。

禪宗語錄

達摩大師《血脈論》云：「佛是西國語，此土云覺性。覺者靈覺，應機接物，揚眉瞬目，運手動足，皆是自己靈覺之性。」

達摩大師《破相論》云：「一切眾生悉有佛性，無明覆故，不得解脫。佛性者即覺性也。」

《六祖壇經》云：「自心地上覺性，如來放大光明；外照六門清淨，能破六欲諸天；自性內照，三毒即除；地獄等罪一時銷滅，內外明徹不異西方。不作此修，如何到彼？」

(二)自性是「本自清淨」的。

例

1.9　吾乃獨一純淨覺。

1.16　汝即無邊純淨覺。

2.1　奇哉！吾乃純覺性！無染、寧靜超世間。

2.15　由無明故此三者，於無染之我中顯。

2.19　自性唯是純淨覺。

3.4　自性乃是淨覺力，美哉此性無可比！

7.4　自性不存對境中，境亦不存於性中，
因性無限無染故。

18.5　自性境界非迢迢，亦非施限可得獲；
其無分別無造作，無有變易無垢染。

18.35 自性具愛、淨、能覺，離於戲論無疾患。

禪宗語錄

六祖惠能大師云：「何期自性，本自清淨。」

五祖弘忍《最上乘論》云：「夫修道之本體須識，當身心本來清淨，不生不滅、無有分別，自性圓滿清淨之心，此是本師，乃勝念十方諸佛。」

大珠慧海《頓悟入道要門論》：「自性本來清淨，湛然空寂。」

《圓悟克勤禪師語錄》云：「於分別不生法中，認取不變不移無窮無盡，清淨本然周遍法界本來自性。」

(三)自性是「本不生滅」的。

例

1.17 無有相待無變易，深沉一如離熱惱；
汝即妙智無動搖，唯此應住是覺性。

3.1 確知汝之真實性，實乃是一不可摧；

15.9 自性無來亦無去。

18.5 自性境界非迢迢，亦非施限可得獲；
其無分別無造作，無有變易無垢染。

20.7 創造、毀滅安在耶？

禪宗語錄

六祖惠能大師云：「何期自性，本不生滅。」

《趙州從諗禪師語錄》云：「未有世間時早有此性，世界壞時此性不壞。」

《玄沙師備禪師廣錄》云：「諸上座，法體本自無生，本自無滅，法法如然，亙古亙今。」

(四)自性是「本自具足」的。

例

1.12　自性實乃見證者，遍在、圓滿且獨一。

18.17　然見自性含一切，無有散亂無所成。

18.35　自性具愛、淨、能覺，圓滿、離戲、無疾患。

禪宗語錄

六祖惠能大師云：「何期自性，本自具足。」

《宗鏡錄》云：「一切凡夫，聲聞緣覺，菩薩諸佛，無有增減。非前際生，非後際滅，常恆究竟。從無始來，本性具足一切功德。」又云：「如涅槃經云。一切眾生，本來成佛。無漏智性，本自具足。」

《玄沙師備禪師廣錄》云：「諸仁者，其道本體，若出若沒，卷舒自在，妙用恆沙。只據目前，千般神用，也只如然。萬般變化，也只如然。何以故？本自具足，本自圓成，性相常住，不動智佛。」

(五)自性是「本無動搖」的。

例

1.13　不壞、能覺亦不二。

15.9　自性無來亦無去。

18.40　智者不見有彼此，但見不滅之自性。

禪宗語錄

六祖惠能大師云：「何期自性，本無動搖。」

傅大士《傳心頌》云：「有物先天地，無形本寂寥。能爲萬象主，不逐四時凋。」

(六)自性是「能生萬法」的。

例

1.10　大千世界性中顯。

2.4　宇宙源由自性生，實與自性無有別。

4.4　宇宙全體唯是性。

4.6　自性無二唯是一，乃為宇宙自在主。

禪宗語錄

六祖惠能大師云：「何期自性，能生萬法。」

《圓悟克勤禪師語錄》云：「所謂天眞自性本淨妙明，含吐十方獨脫根塵。」

(七)自性的作用是見證著一切。

例

1.3 自性見證此一切，彼即本具之覺性。

1.5 汝乃萬物見證者。

1.7 萬象森羅諸一切，汝乃唯一之觀者。

1.12 自性實乃見證者，遍在、圓滿且獨一。

14.3 究竟自性吾已悟，此即怙主、見證者。

禪宗語錄

《雪峰義存禪師語錄》云：「盡大地是沙門一隻眼。」

(八)自性不在對境中，離言絕相。

例

1.17　**無有相待無變易，深沉一如離熱惱。**

7.4　**自性不存對境中，境亦不存於性中，**

因性無限無染故。

12.2　**自性亦非感知境。**

16.1　**吾兒！經文不勝數，汝且常聞常引述；**

然而除非盡忘卻，安住自性汝不能。

禪宗語錄

黃檗禪師《傳心法要》云：「此靈覺性……不可以智慧識，不可以言語取。不可以境物會，不可以功用到。」

又云：「我此禪宗從上相承已來，不曾教人求知求解，只云學道早是接引之詞。然道亦不可學，情存學解卻成迷道。道無方所名大乘心，此心不在內外中間，實無方所。第一不得作知解。」

(九)自性在一切之中，一切都在自性中。

例

3.5　自性即在萬法中，萬法亦在自性裡。

15.6　識得性在萬法中，萬法亦在自性中。

15.15　唯決一切皆自性。

18.9　確知一切皆自性，此瑜伽士更默然。

禪宗語錄

傅大士《心王銘》云：「水中鹽味，色裡膠青。」

《六祖壇經》云：「自性能含萬法是大，萬法在諸人性中。」

《圓悟克勤禪師語錄》云：「所謂天眞自性本淨妙明，含吐十方獨脫根塵。」

(十)自性沒有束縛和解脫。

例

1.6 **汝非做者非受者，亙古至今恆自由。**

1.7 **萬象森羅諸一切，汝乃唯一之觀者，**
從本以來具解脫。

15.20 **汝乃自性本解脫。**

18.7 **一切皆從妄想生，自性永存本解脫。**

禪宗語錄

黃檗禪師《傳心法要》云：「天眞自性本無迷悟，盡十方虛空界元來是我一心體。縱汝動用造作，豈離虛空。虛空本來無大無小，無漏無爲，無迷無悟。」

(十一)自性的比喻有很多，如虛空和海洋。

例

如同虛空（1.20，6.1，15.13）

如同海洋（2.23，2.24，2.25，3.3，5.2，6.2，7.1，7.2，7.3，15.7，15.11）

禪宗語錄

黃檗禪師《傳心法要》云：「盡十方虛空界元來是我一心體。」

《雪峰義存禪師語錄》云：「如虛空。亦名無住心。亦名自性涅槃。亦名無言說。亦名無繫縛。亦名無形相。亦名一心法門。亦名大涅槃。亦名定念總持。亦名眞如性海。亦名無爲大道。亦名一眞法界。亦名無去無來菩提薩埵。亦名無性涅槃。亦名金剛三昧實諦。亦名自性清淨心。亦名如來藏。亦名實相般若。亦名正因佛性。亦名中道一乘。亦名淨性涅槃。亦名一念眞如。」

《玄沙師備禪師語錄》云：「大道虛空絕纖塵，重重世界性海身；十方三世無別佛，萬般神用只我眞。」